U0555008

WHO TUNED THE INSTRUMENT FOR NEW MUSIC
ANCIENT MUSICAL INSTRUMENTS UNEARTHED
ALONG THE SILK ROAD

谁调清管度新声

丝绸之路音乐文物

河南博物院 编

文物出版社

图书在版编目（CIP）数据

谁调清管度新声 ：丝绸之路音乐文物 = Who Tuned the Instrument for New Music：Ancient Musical Instruments Unearthed along the Silk Road ：汉、英/河南博物院编. -- 北京 ：文物出版社，2017.6
ISBN 978-7-5010-4828-1

Ⅰ. ①谁… Ⅱ. ①河… Ⅲ. ①音乐－历史文物－介绍－中国－汉、英 Ⅳ. ①K875.5

中国版本图书馆CIP数据核字（2016）第285316号

谁调清管度新声——丝绸之路音乐文物

编　　者：河南博物院

责任编辑：孙漪娜
封面设计：程星涛
责任印制：张道奇

出版发行：文物出版社
社　　址：北京市东直门内北小街2号楼
网　　址：http://www.wenwu.com
邮　　箱：web@wenwu.com
经　　销：新华书店
制版印刷：北京图文天地制版印刷有限公司
开　　本：889mm×1194mm　1/16
印　　张：17
版　　次：2017年6月第1版
印　　次：2017年6月第1次印刷
书　　号：ISBN 978-7-5010-4828-1
定　　价：360.00元

编委会

展览筹备组

主办单位：河南博物院　甘肃省博物馆　新疆维吾尔自治区博物馆　青海省博物馆
宁夏回族自治区博物馆　陕西历史博物馆　西安博物院　洛阳博物馆

参展单位：中国国家博物馆　甘肃省文物考古研究所　庆城县博物馆　山丹县博物馆
焦作市博物馆　安阳博物馆　安阳市文物考古研究所　济源市博物馆
武陟县妙乐寺塔景区管理中心

鸣谢单位：龟兹研究院　敦煌研究院　沁阳市博物馆

展览统筹：田　凯　俄　军　于志勇　祝　君　李进增　强　跃　余红健　谢虎军

展览策划：张得水　高西省

展览项目负责：李　琴　闫　睿

展品协调：张建民　王景荃　石晓霆　郭金龙　王　勇　黄培培　李海东　刘　芃
范允明　魏美丽　张玉芳　王军花　邵　丹　王　琢　朱宏秋

展览推广：白　雪　张　滢　潘凌然　张　波

目录

致辞 1

丝绸之路是一条举世闻名的贸易、文化、交通之路，曾把古老的中国、印度、波斯、阿拉伯文明和古希腊、古罗马文明联结起来，促进了东西方文明的交流，也促进了世界人类文明的发展和文化的繁荣。

音乐，不仅仅是一种艺术现象，更是一种普遍的人文现象，与其所根植的文化有着紧密的联系，是文化交流、民族融合的重要载体。在丝绸之路上中国同西方的乐舞交流已有几千年的历史。先秦时期中国与西方不仅相对独立发展出了各具地域特色的音乐文化，而且已有间接的交流。汉代中原与西域的乐舞交流达到了第一个高潮，形成了以“百戏”、“俗乐”为突出特点的汉代乐舞，为中国传统乐舞文化的发展奠定了深厚的基础。魏晋南北朝是中国历史上大动荡的时代，各民族文化间出现了大融合，其中佛教乐舞迅速普及，龟兹乐、天竺乐、西凉乐成为人们喜闻乐见的艺术形式，是传播佛教的重要媒介。这在丝绸之路沿线的石窟壁画上都留有它们生动的形象资料。隋唐时期是中国历史上对外乐舞交流最为活跃的时代，不仅以宽容心态容纳一切外来艺术，并将消化、整理后的中西乐舞艺术传向东亚、东南亚各国，从而推动了这些地区乐舞形式的形成或发展。东西方的音乐交融在丝绸之路沿线留下了大量文化遗存，我们从中可以更深刻地了解中西方音乐文化发展的脉络。

中原地区位于古丝绸之路的东端，音乐文化积淀深厚，出土了大量的音乐文物，有距今八千年前河南贾湖遗址出土的骨笛，先秦时期华夏礼乐的代表——钟鼓磬瑟，汉晋隋唐时期的大量乐伎舞俑等，反映了不同时期中原地区的音乐面貌。可以说，在历史长河中，中原地区的先民在长期的社会实践中创造了令人惊叹的音乐文化。

丝绸之路上的乐舞艺术是动态的、变化的、多维的，它在不同时期、不同地域都有着独特的形态特征。此次展览汇集了近20家文博单位的音乐文物精品，以时间为轴，沿着古丝绸之路的沧桑历史探索中西乐舞艺术交流的状况，进行一次丝绸之路音乐文化研究方面的尝试。我们力求还原传承数千年的丝路音声世界，以期让更多的观众了解中国古代音乐的魅力，保护与传承流传千年的丝路乐舞文化，使其焕发勃勃生机。

舞乐千载，情传万里。此次展览能够成功举办，离不开各省众多博物馆及文博机构的大力支持和帮助。在此，我谨代表河南博物院向支持此次展览的各位专家及单位表示由衷的感谢！

河南博物院院长 田凯

致辞 2

音乐对于人类文明影响巨大，是中西文化交流、民族融合的重要载体。每一个音乐文化的形成与发展，都离不开周边民族音乐文化的投射、融汇和滋养。丝绸之路作为世界不同古代文明互相汲取文化营养的“主动脉”，带动了沿线各地文化、宗教、艺术等方面的全面繁荣。其中，音乐文化沿丝绸之路这条主轴线在各地传播。这些音乐文化风格迥异、特色鲜明，虽看似独立，但通过丝绸之路沿线各地发现的音乐相关文物，可察觉其内部存在的千丝万缕的联系。

丝绸之路贯穿甘肃全境，其主干线在甘肃东西绵延长达 1600 多公里，约占其全程总长度的四分之一。因此，作为丝路古道上保存各类文物最丰富、文物价值最高的省区之一，甘肃的丝路文物体现了古代丝绸之路上诸民族、诸文化之间的交流与碰撞，其中颇具地方特色的音乐文物便是交流的见证之一。丝绸之路甘肃段发现了大量反映乐舞之美的遗珍，如马家窑文化和齐家文化的陶铃、陶鼓、石磬；先秦礼制乐器编钟、编磬；汉唐乐舞俑；岩画和魏晋壁画砖上展现的乐舞场景；以敦煌莫高窟为代表的石窟壁画上反映的乐舞艺术和敦煌藏经洞发现的音乐相关文献；宋、金、元时期墓葬砖上所绘乐舞图等，都呈现出时代早、多元化、地域性强等特征，是弥足珍贵的乐器与舞蹈实物资料，对研究中国音乐史具有特别意义，是世界文化史的研究中不可或缺的重要物证。

“谁调清管度新声——丝绸之路音乐文物展”首次集合了国内丝绸之路沿线六省区十多家文博机构的珍贵音乐文物，全面呈现了丝路音乐文化的交融历史和中国古代音乐的魅力。甘肃省参展文物包含了马家窑文化陶铃、陶鼓，齐家文化陶响铃罐，沙井文化铜铃，汉代木舞俑和唐代鎏金铜胡腾舞俑等，共计 12 组 18 件，充分反映了甘肃境内相关时代人们多彩的文化生活。这一展览是中国文博界立足专业角度，融入学术界的最新视角和理论的一次尝试，是对丝绸之路沿线的音乐文化所进行的一次系统、科学的梳理、解读和展示，是对一个传承了数千年的丝路音声世界所做的还原，是对丝绸之路音乐文化学术成果转化与利用的一次有益实践。展览的举办对于推进音乐文化研究，促进音乐文化传统的交流、继承和发展，普及中国传统文化等方面具有重要作用。

谨向为此次展览付出辛勤劳动的各位专家和展览组同仁致以崇高的敬意！

甘肃省博物馆馆长 [signature]

致辞 3

新疆古称西域，位于我国西北边陲、亚欧腹地。这里大漠浩瀚、高山巍峨、绿洲葱翠、草原肥沃，华夏各民族儿女在这里繁衍生息，世界“四大文明”在这里交相呼应，自古就形成了多民族聚居、多种宗教并存、文化一体多元的历史格局。

新疆作为丝绸之路的重要枢纽，绵延千年的丝路古道分南、北、中三条横贯全境。丝绸之路的繁荣和发展，不仅开拓了贸易、传播了文明，更让新疆成为华夏文明与多个其他古老文明交流对话的国际舞台，而“音乐文化”正是丝绸之路文化交流中的强音之一。早在约3000年前，周穆王与西王母相会对歌行的优美故事，开启了中西音乐艺术交流的序幕。西汉时，随着张骞凿空西域，西域的音乐舞蹈艺术自此源源不断地传入中原，龟兹乐、高昌乐、疏勒乐等以其刚劲、豪迈、热烈、活泼的艺术魅力为中原的传统音乐的发展注入了新的活力。从李白的“谁家玉笛暗飞声，散入春风满洛城”到王翰的“夜听胡笳折杨柳，教人意气忆长安”等千古流韵的佳句名篇，从新疆克孜尔石窟的天宫伎乐图到陕西西安韩休墓壁画宴乐图中美轮美奂的音乐场景，都彰显了新疆古代乐舞艺术的非凡魅力以及丝绸之路上乐舞文化的交流超越语言、地域及民族的特点。

本次由河南博物院、甘肃省博物馆、陕西历史博物馆、新疆维吾尔自治区博物馆、青海省博物馆、宁夏博物馆、西安博物院、洛阳博物馆等八家博物馆联合主办的“谁调清管度新声——丝绸之路音乐文物展”，首次汇聚了国内丝绸之路沿线六省区十多家博物馆及文博机构的126件组近300件珍贵文物，通过展示乐器实物、陶俑、壁画等多种类型的文物，透过不同的角度，全面展现了丝路音乐文化的多样性。同时也印证了新疆自古以来就是多民族聚居、多种宗教并存、文化一体多元的和谐大家庭。

丝路清音，绕梁千年——我们希望通过此次展览让更多人进一步了解新疆、走进新疆，感悟古代丝绸之路上音乐文化的万千魅力；进一步认识中华民族“各美其美，美人之美，美美与共，天下大同”的血脉历史，为各民族的交往、交流、交融开拓更加广阔的途径，为建设民族团结、经济繁荣、社会稳定、文化发展、生活富裕、社会和谐起到良好的促进作用。

新疆维吾尔自治区博物馆馆长 于志勇

致辞 4

两千多年前，一条绵延 7000 余公里、横跨中亚的商贸通道逐渐形成并日益繁盛，中国的丝绸被作为地理标识命名，丝绸之路享誉世界。

两千多年来，丝绸之路不仅成为中国与欧亚非各国之间商业贸易的通道，更是沟通东西方文明的桥梁。正是在丝绸之路的引领推动下，中国古代的文明和先进的生产技术传入西方，西方丰富的物产和优秀的文化传入中国。丝绸之路在推动东西方思想交流、文化交融、全球经济一体化、人类文明多样化方面发挥了十分重要的作用，是古代世界最辉煌的“人类文化运河”。

在这条繁荣多样的文化长河中，音乐文化犹如一股清泉，浸润着丝绸之路沿线不同地区、不同民族、不同肤色的人们的心灵。素有“礼乐之邦”美誉的中国，承借着丝绸之路上的往来，将传统音乐的魅力发扬光大。

青海地处我国西部地区，是内地与西域往来陆路交通的璀璨坐标。作为多民族聚居区，这里的传统音乐兼具汉族端庄秀丽和少数民族粗犷豪放的特点。出土于青海省同德县宗日遗址的舞蹈纹彩陶盆，内壁分别绘有两组各 11 人和 13 人手拉手群舞图形，生动地表现了原始人集体舞蹈的场景。同属于马家窑文化的、出土于大通县上孙家寨的另一舞蹈纹彩陶盆，在陶盆内壁装饰三组舞蹈纹，每组有舞蹈者五人，手拉着手，踏歌而舞，面向一致。他们头上有发辫状饰物，身下也有飘动的饰物，似是裙摆。人物头饰与下部饰物分别向左右两边飘起，增添了舞蹈的动感。彩陶盆上的舞蹈形象与至今在藏地各民族之间仍广为流行的锅庄舞十分相似，足见该舞蹈生命力的强大。除此之外，青海省内还出土了鹿纹骨管、羌笛、陶埙、陶鼓、铜铃、石磬等数量颇丰的音乐文化载体，彰显和再现了青海古代先民们对艺术的不懈追求和对美的认知、感受。

“谁调清管度新声——丝绸之路音乐文物展”汇聚展示了我国丝绸之路沿线地区出土的丰富多样的音乐文化遗存，展览主题新颖，紧扣时代脉搏，在研究丝绸之路的畅通对于文化艺术的发展方面的作用具有重要意义。青海省博物馆为此次展览精心挑选了 7 件（组）馆藏精品，参与展出。我们衷心希望通过此次展览，生动诠释丝绸之路沿线地区古代先民们对于艺术的追求，以及多民族聚居地区各民族之间在文化艺术方面的相互影响与渗透。

预祝本次展览圆满成功！

青海省博物馆馆长 [signature]

致辞5

中国古代音乐历史源远流长，考古发掘证明，在距今8000年左右的新石器时代，先民们已经发明并使用了多种乐器。夏、商、周三代已逐步形成完备的礼乐制度。汉代，著名的“丝绸之路”成为连接古代东方与西方经济、政治、文化交流的主要道路，古代东、西方音乐文化也通过它相互借鉴，从存留至今的各种乐器、曲谱、乐舞中均可得见彼此间的交融。这也是“谁调清管度新声——丝绸之路音乐文物展”的策划初衷之一，即集中呈现给观众欣赏、品味这些难得一见的各馆珍藏音乐文物的同时，亲身感受丝绸之路永恒的文化魅力。

宁夏，北踞贺兰，南依六盘，素有“关中屏障，河陇咽喉”之称。汉代张骞凿空西域之后，东段以洛阳为起始点，沿泾、渭河经原州（今宁夏固原市），穿河西走廊进入西域。北朝、隋唐时期，丝绸之路上的商贸往来、文化交流臻于鼎盛，原州在文化、商贸活动中的地位更加显赫。同时，灵州（今宁夏吴忠市）也成为中西交通孔道上的重要城镇，直到五代、宋初和西夏，这一带一直处于东西商贸路线上的枢纽位置。在这漫漫历史长河中，原州和灵州这两个丝绸之路东段北道上的重镇以丝绸之路为纽带，通过迁徙的游牧民族和中、西亚贡使、商贾、僧团的频繁往来，将古代希腊文明、欧亚草原文明、西亚文明、中亚古波斯文明与华夏文明融汇于此，为今人留下了珍贵的文化遗存。

宁夏贺兰山岩画中出现的舞乐题材岩画，说明远古先民已经具备对音乐的创造能力、审美能力；吴忠市关马湖汉墓出土有一组吹奏、舞蹈、杂耍陶俑，是汉代以来我国传统音乐中的一类以打击乐器与吹奏乐器为主的演奏形式和乐种——“鼓吹乐”的生动写照；固原市北周李贤墓出土的吹奏陶骑俑和盐池县窨子梁唐墓出土的胡旋舞石刻墓门扇，是丝绸之路繁盛时期的典型乐舞形式。唐太宗李世民的《饮马长城窟行》中“胡尘清玉塞，羌笛韵金钲”及中唐诗人李益的《夜上受降城闻笛》中“不知何处吹芦管，一夜征人尽望乡”的诗句，均是当时灵州当地流行器乐的真实记述。唐宋时期，诞生于阿拉伯半岛的伊斯兰教通过丝绸之路传入中国，至元代回族逐渐形成。宁夏回族接受并传承了宁夏古代乐器和西北边塞乐器及其他音乐元素，发展为独具特色的回族民间乐器，至今还在宁夏回族群众中流行。

这些文物不仅为我们展现了古代西北先民丰富多彩的艺术画卷，也为我们继承、创新、弘扬中国古代优秀传统文化提供了最佳载体。我们坚信，这个独具特色的展览一定会得到观众的青睐，并取得圆满成功！

宁夏回族自治区博物馆馆长 李佳增

致辞6

汉代张骞从长安出发，两次出使西域，开辟了陆上丝绸之路。唐代是中国历史上对外交流的黄金时代，丝绸之路的繁荣达到顶峰，唐都长安是当时世界闻名的东方国际大都会。通过丝绸之路，中华文化远播世界，世界各国各地区的文化和物产也传入中国。这其中，乐舞艺术更成为中西方文化交汇的主流。迄今为止，丝路沿线出土的丰富的音乐文物，见证着古代不同国家和地区的乐舞艺术以丝路为纽带进行传播、交流、互鉴、融合与发展的辉煌历程。

陕西是中华文明重要的发祥地和周、秦、汉、唐等14个古代王朝建都之地。汉唐帝国的首都长安是当时东亚文明的中心，也是丝绸之路的起源点。陕西的古遗址众多，文物资源宏富，是研究人类文明史的重要依据。陕西从史前到明清，每一个阶段都有音乐文物出土，这些文物具有品类全、艺术性强、历史价值高的特点。如西安半坡、临潼姜寨、高陵杨官寨等新石器时代遗址中就出土了许多陶埙、陶鼓等史前音乐文物；在宝鸡周原、西安沣镐等西周都城遗址中出土了大量反映西周礼乐制度的青铜钟、镈、鼓、磬等，它们是当时最高等级的礼乐重器；春秋战国至秦代，秦人在其自西向东发展壮大的关中各处为我们留下了这个时代最为丰富的音乐文化遗存，著名者如宝鸡太公庙秦武公钟、镈，凤翔雍城秦公一号大墓所出编磬，秦始皇帝陵园内发现的乐府钟、陶乐俑等，这些都反映了秦人制礼作乐的历程。西汉时期，礼乐制度和乐舞活动既承袭秦代又创新发展，尤其受西域乐舞及乐器传入的影响，乐器种类增多，丝竹类乐器大量出现，乐队形式发生改变，这在陕西丰富的汉代画像石、墓葬壁画和陶俑、陶器上有着生动的体现。魏晋南北朝时期，民族大融合，陕西地区大量出土的这一时期的骑马奏乐俑、陶俑乐舞编队等，反映了多民族乐舞艺术融合发展的状况。隋唐时期，丝绸之路繁荣，世风开放，外来乐舞风靡中原尤其是首都长安，西安城郊和陕西各地区大量隋唐墓葬中出土的胡人乐舞俑、乐舞壁画和各类乐器文物，代表性地再现了这一时期中外乐舞融合的盛景。唐以后，国家政治中心东移，陕西成为西北重镇，民间音乐艺术活动兴盛，彬县五代冯晖墓出土的系列彩绘砖雕“乐伎图”、韩城盘乐村宋墓壁画“杂剧图”、蒲城洞耳村元墓壁画“乐舞图”等是其生动写照。可以说，陕西是全国发现古代音乐文物最多并且音乐文化最为丰富的地区之一，陕西音乐发展史堪称中国音乐发展史的缩影。

此次由河南博物院等六省（区）文博单位联袂举办的“谁调清管度新声——丝绸之路音乐文物展”，是近年来国内博物馆整合区域文物资源优势、创新合作办展模式的又一典范和扛鼎之作。展览集六省区数十年来出土的音乐文物精粹，诠释和再现了丝绸之路沿线乐舞艺术传播、交流、融合的辉煌历程，犹如一部宏大的交响乐，具有很高的历史、艺术价值以及现实意义。这其中，陕西历史博物馆选取部分极具代表性的古代音乐文物参展，希望锦上添花，并借以体现陕西古代乐舞艺术的风貌。

谨向为本次展览付出辛劳的各方人士致以敬意！

预祝展览圆满成功！

陕西历史博物馆党委书记、馆长

致辞 7

乐器是人类很早就拥有的精神物质财富，它们既是历史发展的产物，也是代表中国传统音乐文化的物证。中国古代乐器系统是中国本土乐器在发展过程中不断融合外来乐器而逐步形成的，以多姿多彩的品种和内涵丰富的体系闻名于世。

中国本土乐器起源于华夏先民们的劳动生产活动。8000 年前的河南舞阳县贾湖遗址出土了中国最早的骨笛，6000 多年前的仰韶文化时期西安半坡遗址出土了中国较早的以陶土烧制成的吹奏乐器陶埙。河南安阳殷墟出土的石磬和甲骨文字，证明了三千多年的先民就已创造了钟、磬、鼓、铃等乐器。两周时期，中国传统乐器的种类已达 80 多种，根据其制作材料的不同分为金、石、丝、竹、匏、土、革、木八类，称作“八音”，主要包括笛、埙、缶、筝、筑、编钟、编磬等。

汉武帝时，张骞“凿空西域”，开辟丝绸之路。此后，历经东汉、三国、两晋南北朝、隋唐，一千多年间，西方的乐器源源不断传入中原，种类繁多，大体可分为三类：吹奏乐器如箫、笙、铜角；弹奏乐器如箜篌、琵琶；击奏乐器如铜鼓、节鼓、腰鼓、齐鼓、檐鼓、羯鼓。外来乐器的传入及汉化过程促进了魏晋乐府和唐诗的繁荣。唐代音乐中除了少量传统的清商曲保留了汉民族的乐曲，大部分由外来音乐改编组成。据《乐府杂录》记载，唐代的乐器有 300 余种，这些乐器广泛应用在西凉乐、高昌乐、龟兹乐等乐曲中，并被吸收到宫廷及民间宴会所演奏的大型音乐中，形成隋唐燕乐。

文化的多样性和差异性是地区、国家间文化发展传播的动力和源泉。外来器乐拓宽了中国人的视野，逐步为中国音乐所采纳及改良，丰富了中国古代音乐文化。当悠扬的乐曲由音乐家们的妙手弹动而出的一刹那间，高山、流水、丝竹、冬雪，乐曲中的欢快与哀伤，在不着意中显现出华夏民族浑厚淳朴、深沉慷慨的性格，以及追求清丽与淡雅、纤巧与秀美的人生愿望。伴随着乐器以及乐舞文化的发展，中华民族逐渐从远古的蛮荒一步步走向文明，奏响千古生命乐章。

由中国博物馆协会丝绸之路沿线博物馆专业委员会与河南博物院共同策划的专题展览“谁调清管度新声——丝绸之路音乐文物展”，多层次、多角度地向观众展示了丝绸之路音乐文化的辉煌，反映了中国古代音乐文化悠久的发展历史和伟大意义，传达了不同种族、不同信仰、不同文化背景的部族或国家之间相互包容、密切交流、共享和平、共同追求美好生活的理念。

在此，谨代表西安博物院祝贺本次展览圆满成功！期望今后的馆际交流合作再创辉煌！

西安博物院院长

致辞 8

不同时代、不同地区、不同民族创造的禀赋各异的文化之间交流、互鉴，是促进人类社会发展进步的重要推动力量。历史上，沟通欧亚大陆东西方文明的丝绸之路像一条色彩斑斓的彩带，将沿线生息繁衍的不同部族、国家和政治体如同珍珠一样串联编织起来，使复杂、多元的文化超越地域与民族，通过彼此的碰撞、交流、借鉴、融合，激发和启迪世界古文明从孤立封闭走向开放包容，从涓涓细流汇成江河洪流，成为地理大发现之前人类发展史上波澜壮阔、激荡千年的文化景观，留下了丰厚的文化遗产。

贯穿其中的音乐文化，作为人类共通的语言，以其多姿多彩的艺术形式，在丝路历史上发挥着独特的作用，成为丝路遗产有机组成部分，奏响不同文明之间音乐交融的和声与壮美华章。

八方辐辏的独特地理优势造就了中原地区成为历史上多民族、多元文化碰撞、借鉴、吐纳最活跃的舞台。十三朝古都洛阳位居中原腹地，以河洛地区为代表的河洛文化是华夏文明的正声。两周礼乐文化在此酝酿形成，中国第一个少数民族政权在此奠都汉化。作为丝绸之路的东方起点之一，洛阳与丝路的开凿、拓展、繁荣密不可分，现存丝路音乐文化遗产丰富，出土了以钟磬为代表的两周乐器，两汉时期惟妙惟肖的乐舞百戏俑，北魏时期的鼓吹乐俑群，隋唐时期的坐部伎俑、立部伎俑、胡旋舞俑、胡腾舞俑、骑马乐舞俑等大量的文物，较全面地反映了中西音乐文化在河洛地区交流、融合的盛况。

立足于中原地区这些与丝绸之路相关的丰富、多元的音乐文化遗产，本展览策展人员梳理了丝路沿线音乐文物资源，选取了每个地区或时代最具代表性的音乐文物。在新疆、青海、甘肃、宁夏、陕西和河南六省多家博物馆和文化机构的通力支持下，于 2016 年 11 月策划举办了“谁调清管度新声——丝绸之路音乐文物展”，以期对丝绸之路沿线的音乐主题文物进行较系统的诠释与解读。展览共分“华夏与西域”、“凿空与涌流”、“百川归海”、“天乐妙响”四个部分，力求使观众在博物馆复原并构建的语境中体验从新石器时代至隋唐时期东西方音乐文化交流、发展、演变、融合的图景，从而进一步加深公众对丝路文化的认知与感悟，为“一带一路”倡议背景下的中西文化交流及中国传统音乐文化的弘扬与传承发挥更加积极的推动作用。

洛阳博物馆馆长 谢虎军

从魏晋南北朝考古谈中原音乐文化传统的存灭承续

李　宏　张得水（河南博物院）

魏晋南北朝时期是上接东汉、下启隋唐统一王朝的离乱之世，其间多个政权统治区域的文化艺术在对峙中形成强烈的地域特色，又在相互的战争迁徙中交流融合。从这一时期历史上几次文化的分与合，可见中原音乐文化在其中的存续轨迹。在多方外来文化的冲击下，无论是曹魏政权对汉代旧乐的拯救，魏晋河西统治集团对中原文化的保护传承，北朝的汉化和南朝政权对传统的坚守，都使得华夏音乐文化在风雨飘摇中得以延续。最终在近四百年分裂以后的有隋一代，形成一总寰宇的局面，为唐代的繁盛打下了基础。

本文通过对魏晋南北朝音乐文化考古的几个重要区域，特别是陕西、山西、河北、湖北与河南的交界区以及河南的洛阳、甘肃的河西走廊等区域近年来的音乐考古新发现进行分析，力图勾勒出中原地区魏晋南北朝数百年来华夏音乐文化传统存灭承续的轨迹。

从三国曹魏时期开始，到西晋十六国时期，周边少数民族不断内迁中原，在晋末和北朝初年达到高潮。内迁各族主要有匈奴、羯、氐、羌、鲜卑，中原陷入干戈不休的动荡，即所谓“五胡乱华”。永嘉之乱后的流民迁徙，数量多、规模大、范围广，前所未有。深受战乱戕害的北方士民纷纷聚宗族、合乡党，向南迁徙，据谭其骧先生统计，南渡人口占北方总人口的八分之一强。而东晋“凌江而建国”，南方局势相对安定。[1]

汉代末年的战乱带来中原文化的凋敝，华夏民族音乐传统也随之解体，支撑礼乐文化和宫廷雅乐的乐、器、服、工不断遗失。《唐音癸签》卷十五载：“晋宋六代以降南朝之乐，多用吴音，北国之乐，仅袭夷调。及隋平江左，魏三祖清商等乐存者什四，世谓为华夏正声，盖俗乐也……由是观之，汉世徒以俗乐定雅乐，隋氏以来则复悉以胡乐定雅乐……至此宜乎正声沦亡，古乐之不可复矣。”[2]

中原士民作为华夏音乐文化的载体，在躲避天灾与周边民族的冲击中，向西北、东北和南方不断迁徙流转，很大程度上促进了文化的交流与融合。魏晋南北朝时期中原周边不同民族的进入犹如乱石击水，使得秦汉以来中原相对稳定的格局被打破，传统的礼乐制度也随之云散。但不同政治集团在其相对稳定的统治中也都一直谋求传统礼乐的重建。因此，对中原旧乐的接纳和重建有几个关键节点：一是汉末三国曹魏时期的礼仪用乐的建设；二是十六国八王之乱，河西走廊对中原旧乐的接纳和传承；三是北魏破河西得旧乐和魏孝文帝汉化过程中对东晋勋遗文化的吸收；四是中原文化南下和南朝清商乐传统的保存；五是中原音乐北上东传在高句丽音乐中的遗存。

从中原到河西、从洛阳到平城而又从平城返回洛阳、从西域到长安、从洛阳到邺城、从洛阳到建康等，政权分峙并没有阻隔音乐文化的频繁交汇，不同政权一直在寻求华夏正声的重建，从中产生出新的音乐生命体。正因为汉唐间这种对传统的坚守和频繁地重建行为，传统音乐文化才产生了质的改变。

一 汉末文化传统的不断丧失和曹魏父子的雅乐重建

汉末开始的门阀士族割据和连续不断的战乱是这一时期中原华夏民族音乐流散的主因。据《晋书·乐志上》载：“汉自东京大乱，绝无金石之乐，乐章亡缺，不可复知。及魏武平荆州，获汉雅乐郎河南杜夔，能识旧法，以为军谋祭酒，使创定雅乐。……远详经籍，近采故事，考会古乐，始设轩悬钟磬。”[3]三国曹魏时期礼仪用乐制度的重建是以汉代所传雅乐为基础的，可见曹魏时期距汉世未远，因此汉风音乐或在追索拯救中还可部分恢复。加上曹氏父子雅好诗书，渴慕贤才，与“建安七子”长期辗转河洛间，历经乱世，其诗作多将个人遭际与现实慨叹相结合。“观其时文，雅好慷慨，良由世积乱离，风衰俗怨，并志深而笔长，故梗概而多气也。”[4]“言之不足，故嗟叹之。嗟叹之不足，故咏歌之。”其诗作多有感而发。“且登高必赋，及造新诗，被之管弦，皆成乐章。”[5]曹操《短歌行》中的“我有嘉宾，鼓瑟吹笙”；曹植《元会》诗中“笙磬既设，筝瑟俱张。悲歌厉响，咀嚼清商”。表明诗与音乐密切相关，而其主要的述怀遗志的表现形式就是“诗乐一体”、“丝竹相和而歌”。三曹父子的乐府诗多是依照清商三调的乐曲节奏填写的诗歌，而此时的清商乐已经改变了汉代宫廷郊庙歌乐的宏丽和乐府民歌的靡情，变而为个人抒情畅怀的工具。后代学者对传统清商乐的溯源，均直指曹操父子。“今之清商，实由铜雀，魏之三祖（曹操、曹丕、曹睿）。风流可怀，京洛（魏晋）相高，江左（南朝）弥重。”“魏之三祖，气爽才丽……音靡节平……虽三调之正声，实韶夏之郑曲也……诗为乐心，声为乐体。”[6]这种“清商曲”直接来源于汉代相和旧曲，是占主导地位的一种汉族传统音乐，在魏明帝曹睿时被制定为用于殿享的一部宫廷歌舞伎乐。曹魏立国时专门设立清商署，这一机构为西晋武帝所继承。

古都邺城，从曹魏据邺所建的都城为始，在此后四百年间为六朝故都。在邺城考古中，可见其都城建筑模式前承秦汉、后启隋唐，特别是铜雀台诸遗迹，不仅见于后世大量文献记载，也是曹魏邺城遗址仅存的夯土建筑基址。以邺城为中心，铜雀台与建安时期北方文人聚宴与音乐活动密切关联。西晋文人左思在其《魏都赋》中所描述的“金石丝竹之恒韵，匏土革木之常调。干戚羽旄之饰好，清讴微吟之要妙”，便是对邺城音乐活动的溢美之词。

河南曹魏时期的墓葬，其横穴多室砖墓和随葬陶明器的组合，基本延续了东汉时期的特征，体现出曹魏墓葬在物质文化方面对汉文化的承继。（图1）随着战乱频繁，国力空虚，薄葬习俗渐兴，至曹操提出“禁厚葬”、“禁立碑”之后，“薄葬”

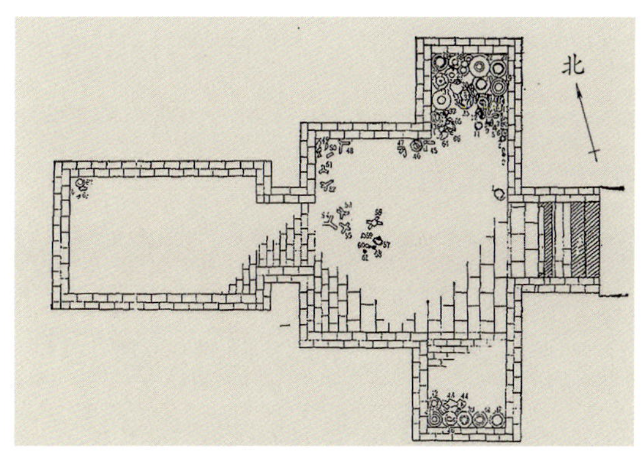

图1　河南洛阳曹魏正始八年墓的墓室结构

图 2　江苏南京上坊三国时期孙吴墓出土伎乐俑

作为国策开始推行。至西晋时，明器组合虽多了些新的器型，但墓葬总体格局和薄葬之风并未改变。而远离政治中心的江南和巴蜀一带，则秦汉厚葬之风依旧有之。南京上坊孙吴墓出土了一组青瓷伎乐俑，或抚琴，或击鼓，或吹奏，围绕在一正襟危坐于榻的人物俑周围，呈现出贵族家伎的乐舞场面（图 2）。[7] 属于吴地青瓷乐俑的还有湖北鄂城塘角头孙吴墓 M2184 出土的击鼓俑与抚琴俑[8]（图 3）、武汉黄陂蔡塘角孙吴墓出土的一套青瓷乐俑。[9] 其中弹卧箜篌俑所使用乐器和演奏形态，提供了更多华夏旧乐的信息。

图 3　湖北鄂城塘角头吴墓出土伎乐俑

二　中原旧乐在西迁东渐中的汇融与回归

西晋都洛阳，这里麇集着皇族外戚、达官贵人，其家蓄女乐倡优成风。西晋大臣贾谧洛阳家中“歌僮舞女，选极一时”；巨富石崇在洛阳建金谷园，也是“丝竹尽当选”，其中“有妓曰绿珠，美而艳，善吹笛”。这种风气远达孙吴巴蜀之地。而永嘉之乱（307 ~ 312 年）带来的西晋倾覆，使得“汉魏旧曲散佚殆尽”。据《晋书·乐志十二上》载：“永嘉之乱，伶官既减，曲台宣榭。咸变污莱，虽复‘象舞’歌工，自胡归晋，至于孤竹之管、云和之瑟、空桑之琴、泗滨之磬，其能备者，百不一焉。”

此时期远在河西的张轨与苻坚，在汉代迁大量汉民至凉州屯田的基础上，其社会稳定，民众安居，因此吸收了大批汉族世家及人民，“中州避难来者，日月相继”，也致使太常乐工多避地河西，从而带来了西北汉族文化的繁兴。在其辖内武威、张掖、酒泉、敦煌等地出土的魏晋墓葬的壁画、画像砖中，可见这种音乐传统驻足的痕迹。在甘肃考古中，曹魏至十六国时期的壁画和画像砖墓主要分布于河西走廊的酒泉和敦煌等地。嘉峪关魏晋墓、敦煌佛爷庙湾西晋壁画墓、毛庄子魏晋墓、酒泉丁家闸十六国墓等多座墓葬中的画像均沿袭汉末中原传统。如酒泉西沟村魏晋 7 号墓二种“和乐图”即琴与阮、阮与歌者（图 4）[10]；甘肃嘉峪关魏晋墓中的琴、阮、竖笛等“乐师和乐图”（图 5）[11]；河西敦煌佛爷庙湾西晋墓 M37、M167 的“伯牙拂琴图”（图 6）[12]；特别是甘肃酒泉丁家闸十六国北凉墓（4 世纪末），位于嘉峪关魏晋墓群南缘，墓中壁画中的东王公、西王母、天马、燕居、庖厨、庄园劳作等内容，

图 4　甘肃酒泉西沟村魏晋 7 号墓出土奏乐画像砖

图 5　甘肃嘉峪关魏晋墓乐师和乐图画像砖

完整保存了中原汉代壁画中原有的信仰系统、起居娱乐习俗、劳作生产方式，同时也保留了中原地区的传统音乐体系。其中乐舞图中有演奏卧箜篌、琵琶（阮咸）、长笛、腰鼓等乐器的乐师。这些乐师席地而坐，手拂琴、筝、阮、长笛或长歌，其使用的乐器和音乐组合形式包括服饰均沿袭中原传统（图 7）。[13]

西迁的汉族音乐也在西安的北朝早期墓中留下了踪迹：西安南郊草场坡北朝墓出土三件琴歌俑[14]；咸阳平陵十六国墓出土四件坐姿女乐俑，一抚筝，一执扁鼓，一抱阮咸，一做吹奏状，所吹乐器缺失，应是埙或短笛类。[15]这些乐器均为中原的传统乐器。（图 8）

图 6　甘肃敦煌佛爷庙湾 M37、M167 西晋墓出土画像砖

图 7　甘肃酒泉丁家闸十六国北凉墓乐舞图壁画

图 8　陕西咸阳平陵十六国墓出土的四件女乐俑

这些以中原乐器组合为主的乐队中，开始加入西域如箜篌、琵琶类乐器，一种新的乐种“西凉乐”开始形成。根据考古资料可见，西凉乐的产生是以魏晋清商旧乐为主要渊源之一，河西人继而将“所传中国旧乐，而杂以羌胡之声也”。这其中龟兹乐舞起了重要作用。“起符氏之末，吕光、沮渠蒙逊等据有凉州，变龟兹声为之，号为秦汉伎。魏太武既平河西得之，谓之西凉乐。”[16]这种将西域的豪放和中原的娴雅融为一体的乐风，被北方更为广大区域内人们所接受。之后百年间，西凉乐的组织规模更大，如乐队编制上，钟、磬、琴、筝、卧箜篌等中原乐器加上龟兹乐的竖箜篌、琵琶等乐器，从而发展成为隋，唐九、十部乐中编制最大的一部。

北魏自天兴元年（398 年）定都平城到太和十八年（494 年）迁都洛阳，以平城作为统治中心近百年，称为“平城时代”。这一时期北魏太武帝于公元 439 年灭北凉，据史书记载，北魏平凉州后曾徙凉州民户于平城，并带回了河西的乐工。“太元中，破苻坚，又获其乐工杨蜀等，闲习旧乐，于是四厢金石始备焉。”[17]拓跋氏对北凉乐工“择而存之”，带回平城后，完善其宫廷乐制，“宾嘉大礼，皆杂用焉”，“至魏、周之际，遂谓之国伎”。这里所说的“旧乐”不仅为西晋时期的礼仪用乐，也有华夏旧乐西迁后，与西部音乐特别是龟兹乐舞的融汇。

北魏王朝平城时代后期，重用汉人士大夫，倡导儒家传统思想，加速了汉化进程，特别是吸纳河西、东北的十六国和南朝东晋文化，上述地区由于中原凋落，成为吸纳中原人才的避难所，很大程度上保存了汉晋文化的余脉。这是一个“用夏变夷”、接受汉化成果的过程，华夏传统音乐也在多族汇融中开始回溯。宋绍祖墓石椁图像中出现拂琴弹阮的男乐伎，与酒泉丁家闸十六国北凉墓中图像相似。[18]山西大同北魏司马金龙夫妇墓，墓主司马金龙出身于东晋皇族，袭其父司马楚之的封爵为“琅琊王”，此号是东晋开国皇帝司马睿称帝前的爵位。司马金龙墓内出土乐伎雕刻 32 具，所录乐器 16 件，计 12 种：腰鼓、横笛、担鼓、筚篥、贝、五弦、琵琶、排箫、长笛、鼓、铜钹、吹指（图9）。[19]这与《隋书·音乐志》所载西凉乐部的乐器组合相吻合。

太和十八年（494年）孝文帝迁都洛阳到永熙三年（534年）高欢迁孝静帝于邺，北魏都洛阳凡四十年。孝文帝全面推行汉化，从易服改姓、讲汉语、通婚姻到定族等、改籍贯，使得鲜卑人快速地融入汉族文化之中，并将汉化政策广泛地贯彻到礼乐制度建设，不拘一格重用洛阳新贵与汉族士人，引进旧有文物典制。洛阳才逐步恢复了昔日的繁荣。

原属西晋的一批伶官乐器，在经过五胡乱华近百年的辗转交接后，终于在拓跋氏破中山后，为北魏所得，孝文帝“垂心雅古，务正音声”，恢复雅乐，北歌、西音与华夏的宫悬正乐相汇合“斟酌缮修，戎华兼采，至于钟律，焕然大备”。

图9　山西大同司马金龙墓出土伎乐形象

北魏洛阳的民间乐舞也十分普及。洛阳大市南面的居民区命名为调音里、乐律里，这里的市民擅长“丝竹讴歌，天下妙伎出焉”。一时间北魏洛阳城“才子比肩”、“文雅大盛”。《洛阳伽蓝记》赞誉：“自晋宋以来，号洛阳为荒土，此中谓长江以北，尽是夷狄。昨至洛阳，始知衣冠士族，并在中原。礼仪富盛，人物殷阜，目所不识，口不能传。所谓帝京翼翼，四方之则。”[20]

《隋书·志八·音乐志》中对华夏旧乐的散佚播迁过程有这样的记录：“魏有先代古乐，自夔始也。自此迄晋，用相因循，永嘉之寇，尽沦胡羯。于是乐人南奔，穆皇罗钟磬，苻坚北败，孝武获登歌。晋氏不纲，魏图将霸，道武克中山，太武平统万，或得其宫悬，或收其古乐，于时经营是迫，雅器斯寝。孝文颇为诗歌，以勖在位，谣俗流传，布诸音律。大臣驰骋汉、魏，旁罗宋、齐，功成奋豫，代有制作。莫不各扬庙舞，自造郊歌，宣畅功德，辉光当世，而移风易俗，浸以陵夷。”[21]

洛阳近年来发现有30多座北魏墓葬，其中小冠长袍、褒衣博带的汉族风格伎乐俑，在北魏贵族墓陶俑群组合中屡屡出现。属于北魏皇族的元氏墓群（图10）[22]、北魏重臣杨机墓（图11）[23]、王温墓、染华墓等出土乐俑所持乐器，有胡乐的鼓角笳笛、琵琶等，也有汉乐的瑟琴箫管。东汉末年，以画像砖、石和壁画装饰墓室的风气在中原地区趋于衰微，约二百年之后在北魏统治的中原地区

图 10 河南洛阳北魏元邵墓出土伎乐俑

图 11 河南洛阳北魏杨机墓出土伎乐俑群

墓葬壁画与石刻随着华夏文化的回归逐渐复苏。洛阳所出北魏后期有丰富的线刻画像的石质葬具，如石棺、棺床、椁室等有十具之多。其中流落海外的孝子石棺、宁懋石室、元谧石棺等是以孝子故事、人物游宴、祭祀等为主题，而洛阳古代艺术馆升仙石棺和围屏石棺床有执琴、阮和横笛的汉乐行进图像（图 12）。[24] 墓葬人物图像凸显出强烈汉化的迹象，由此可见汉民族图像元素在墓葬人物图像中大量出现并居于主要地位。

在北朝的石窟寺考古中，尤其是丝路沿线的北方石窟，音乐考古是一个范畴极大的课题。本文仅就龙门石窟和巩义石窟的北朝伎乐图像，见出中原音乐在西迁东渐中所留的足迹。佛教在东传过程中，深受汉民族文化的浸润。华夏传统乐器与西域乐器的结合改变了佛教梵呗的外来风格，使其更为中原百姓所接受。

图 12　河南洛阳出土升仙画像石棺上的行乐图

龙门石窟的北朝石窟中，中原乐器如笙、筝、阮咸、排箫、磬等，仍在乐器组合中占有突出比重。在龙门石窟北朝伎乐图像较为集中的古阳洞、宾阳洞、莲花洞、药方洞中，从分布于其窟额、藻井、佛龛等 16 组伎乐图中可见，属于中原乐器的笙 10 个、排箫 9 个、筝 5 个、阮咸 5 个、笛箫 11 个、磬 2 个，西域乐器图像琵琶 4 个、五弦 2 个、筚篥 3 个、贝 2 个、细腰鼓 7 个、铜钹 5 个、箜篌无，华夏旧有乐器明显占有主要位置。[25] 而同时期敦煌莫高窟中伎乐人所用乐器是箜篌 13、琵琶 10、横笛 3、排箫 2、角 2、笙 1，与龙门石窟的乐风形成强烈对比。[26]

在巩义石窟中规模最大的伎乐天组群中，胡汉音乐相汇融的现象十分突出，第四窟西壁、北壁的 18 身伎乐天中，依次为细腰鼓、羯鼓、箜篌、琴或筝、磬、箫、笙、竖笛、琴或筝、筚篥、排箫、琵琶、埙、横笛、贝、鼓，其中有 17 种乐器，属于汉乐的约有 8 种，占一半左右（图 13）。[27]

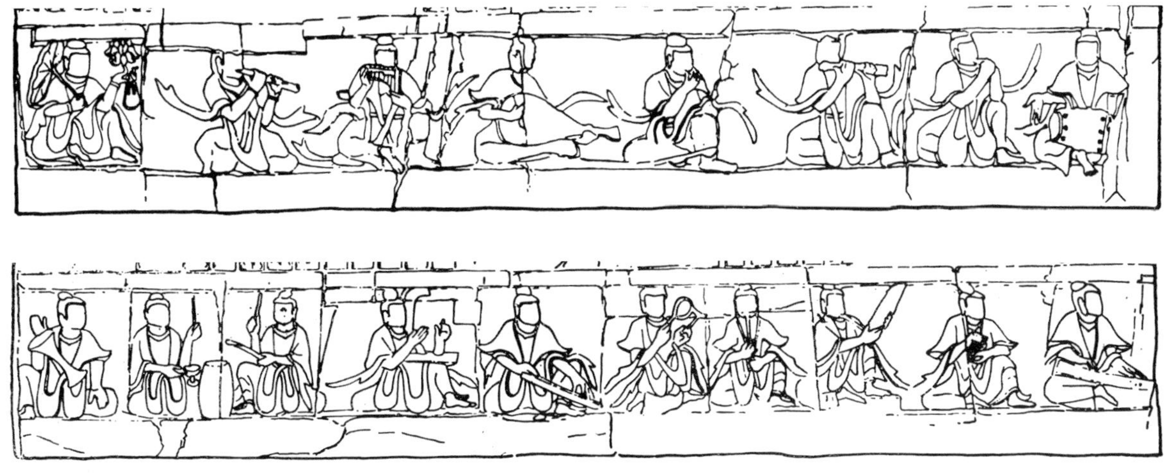
图 13　河南郑州巩义石窟第 4 窟伎乐人一组

三　南北朝音乐文化汇流中的华夏旧乐

南北朝音乐文化承前启后，具有明显的过渡性特征。北魏王朝自河阴之变后，分裂为东魏、西魏，继而又被北齐、北周取代。汉民族文化受到蜂起的周边民族文化的冲击，而南朝在东晋以后，分别经历了宋、齐、梁、陈四朝，汉族门阀士族的统治地位更加巩固。从中原南下的文化传统，在政权更替、战争掠夺、宗教、通婚、朝贡及贸易过程中，带来具有广度和深度的南北交融。

南北朝从民间到宫廷，仍然是各族乐舞纷呈，《隋书·音乐志中》曾对北齐宫廷音乐生活有过明确记载："杂乐有西凉、鼓舞、清乐、龟兹等。然吹笛、弹琵琶、五弦及歌舞之伎，自文襄以来，皆所爱好。至河清以后，传习尤盛。"[28]西域音乐东渐，主要集中在北魏、北齐、北周各代。北齐高氏政权，世代君主都是耽于享乐之人，齐文宣帝非常喜爱龟兹乐，经常在演奏龟兹乐时，亲自击鼓和之。北齐宫廷的偏爱，使不少西域乐人备受宠遇，西域乐舞艺术大量涌入，许多西域音乐家不远千山万水来到中原，长期淹留。宫廷内外流行的西凉乐、清乐和龟兹乐，三者都是与中原交汇汉化的西部音乐。华夏音乐并未因外族音乐的涌入而湮灭，而是加快了与周边民族音乐相汇融汇的速度。这种音乐现象，我们可以在音乐考古实物中，特别是近年来的考古发现里得到更充实的印证。

首先，我们看到北魏和南朝的清商乐舞，以丝竹乐伴奏的女性对舞形式，我们在邓州学庄的南朝画像砖墓中、在洛阳出土的北魏陶俑（图 14）和石棺画像中、在河北磁县东魏墓中（图 15），在北朝入华粟特人的石堂图像中都能见到。她不同于西域舞蹈的腾跃健朗，而是以袖翳面，婉约温雅。这种舞蹈我们在汉代画像砖石里不乏所见，这是汉晋一直保留的清商乐舞的典型形象，在西域音乐的洪流奔涌时，还坚守其存在。中原传统音乐在北魏以后也并未断绝，而是逐渐与外来音乐相融合，形成了一种崭新的音乐文化因素，成为隋唐燕乐的基础之一。

图 14　河南洛阳北魏杨机墓出土双髻对舞女俑

图 15　河北磁县东魏墓出土双髻对舞女俑

山西北齐东安王娄睿墓壁画中，墓室北壁西部有一组女乐，分别吹笙、箫、笛和弹奏琵琶，而东侧男子的乐舞队列，则演奏的是传自西域的竖箜篌、曲项琵琶和五弦直颈琵琶，这种西域和中原乐器共同出现、相对出演的场景，表明北朝时期外来乐器与中原传统乐器的更深入地融合，此种场面还见于北齐徐显秀墓（图 16）、北周郭生墓等。

图 16　山西太原城北齐徐显秀墓壁画宴乐图

最为典型的北朝宫廷和贵族宴乐上的场景图像例证是中国国家博物馆新征集的北朝石堂上的石刻画像，石堂背面的中心场景，左侧是一幅胡人乐舞图，卷发胡人男子乐队，或抱琵琶，或拍长鼓，或吹筚篥，或吹排箫，乐队前方两个胡人男子两臂高举、扭腰踢腿，做胡旋舞状。而中心右侧，则是一群交领长裙、云髻绰约的汉族女子，抱箜篌、琵琶、细腰鼓，奏排箫、埙等，为一对广袖飘举、长裙婉约的舞女伴奏。胡男汉女，判然相对，异彩纷呈，所演奏乐器胡汉杂糅（图 17）。[29]

图 17　中国国家博物馆藏北朝石堂胡汉乐舞图

粟特人，源于亚欧大陆的塞种民族，魏晋文献始见“粟特”之名，原聚居地以康国马拉坎达（今乌兹别克斯坦撒马尔罕城）为中心，位于丝绸之路的枢纽上，连接着地中海、北方草原、西亚与中国，其文化与之相互影响交汇。粟特人善于经商，汉唐间，粟特地区的居民沿丝绸之路大批移居中国。特别是北朝时期，相当多的西域胡族如来自大月氏、安息、康居等国的使臣、僧侣、商人入华居洛，粟特人也在其中。正如《洛阳伽蓝记》所载：“自葱岭以西，至于大秦，百国千城，莫不欢附。胡商贩客，日奔塞下，所谓尽天下之区已。乐中国土风，因而宅者，不可胜数。是以附化之民，万有余家。”[30]近年来洛阳出土大量粟特人墓志和石刻资料，其祖述皆出自北朝入华。《康婆墓志》：“本康国王之裔，高祖罗，以魏孝文世，举国内附，朝于洛阳，因而家焉，故为洛阳人也。”《安备墓志》：“上世慕中夏之风，大魏入朝，名沾典客。”《康子相墓志》：“其先出自康居，仕于后魏。”[31]近年发现的西安北周安伽石床、北齐安阳石床、北周史君墓石椁、甘肃天水石马坪石床榻等一批入

华粟特人石葬具，不仅表现出强烈的粟特民族宗教和生活习俗，同时也表现出融入中原汉族的意愿。其中如北周康业墓石床榻上的图像（图 18）[32] 依中原汉族粉本而作，与北魏元谧石棺、孝子石棺图像以及顾恺之《画云台山记》呈现出的审美观念如出一辙。而山东临朐北齐崔芬墓壁画（图 19），墓主崔芬为东魏末年的威烈将军，卒于北齐天保元年（550 年），墓中的壁画有主人出行图、“竹林七贤”、舞蹈、山水等。作为齐鲁一带世族大家，侨居江南而又入北朝为官的崔氏，表现出对汉魏以来华夏传统的固守。[33]

与胡汉交融的北朝相对的，是南朝清商乐的发展成熟。西晋末年的永嘉之乱，致晋室东渡，造成中原人口的大规模南下迁移。北人南迁路线，谭其骧先生认为主要有东西二线，西线的水路是循汉水南下入湖北；东线多循淮水和其东南向的支流向东南迁徙。这同时也是南风北传的主要通道，中原和齐鲁一带的世族大家，多居朝廷要职，势力庞大，他们自视甚高，仍以中原望族自相标榜，号称侨姓，如琅琊王氏、陈郡谢氏、陈郡袁氏、兰陵萧氏等。侨姓贵族是中原传统的传承和坚守者，在南北政权的交错盈缩中，往来于南、北政权的士人贵族，成为民间、官方音乐文化交流的载体。南移的中原传统音乐文化和北方异族的音乐涌流形成鲜明对比。

六朝清商乐继曹魏政权所承传振兴的清商曲，并汉魏以来旧曲古调，融入于江南儒雅的人文风格，吸收了南方的“吴歌”、“西曲”，形成一种综合性的音乐风格。具有华夏中原民族特色的歌舞曲以清商乐这种艺术表现形式固定下来，并逐渐演变为隋、唐时的燕乐和清商乐。清商乐的特征是“舞容闲婉，曲有姿态”、“辞典而音雅”，多是文人抒发个人的审美感受，体验清韵、吟咏情性之作，“清商乐舞”也成为六朝宫廷乐舞的一大主流。我们可以在南昌火车站东晋墓出土的“抚琴宴飨图”漆盘（图 20）[34]，南京西善桥南朝大墓的石刻砖画“竹林七贤与荣启期”上体会到这种清商乐的文人情结。镇江博物馆藏孙吴青瓷谷仓罐陶塑上的阮咸、陶埙、响器等也是清商乐中经常使用的中原乐器（图 21）。特别是浙江余杭小横山、江苏常州戚家村南朝墓画像

图 18　陕西西安北周康业墓石床榻上的图像

图 19　山东临朐北齐崔芬墓壁画

砖中频现的飞仙伎乐（图 22）[35]，与佛教东传的伎乐天不同的是，这些飞仙伎乐是汉晋升仙思想传统中的仙人形象，所持乐器也是华夏旧有的乐器。但南朝音乐并不单纯是固守江左旧音，在南北文化的碰撞中，也是新乐迭出。胡汉交融的进程推动了胡乐舞与中原清商乐舞的双向交流。最为经典的例子为邓州学庄及相邻地区的画像砖墓中。邓州学庄地处南北交通孔道上，墓室墨书铭记有“部曲在路曰久……家在吴郡”等语，说明墓主人为江南游宦之士，墓中画像砖、图案布局、人物的服饰形象等都与南京一带出土的南朝墓中的人物形象相近，而墓门上仪卫门吏，则与北魏、北周同类形象相近。墓中画像砖表现的内容，表现出位于南朝边陲地区的邓地，南北文化频繁交流的社会现实。[36]其墓中乐舞类画像砖题材丰富。如：六人组乐舞画像砖，右边梳双鬟髻穿广袖长裙的二女相对而舞，四男子皆戴小冠，穿襦裙，披帛，执节、击鼓、碰铃、吹笙，伴奏的乐器和乐舞是典型的汉乐风格。墓中与音乐有关的“商山四皓”、“吹笙引凤”更是汉族仕人的述怀引志（图 23）。五人组乐舞画像砖，一长髯朱衣老者，胡人形象着胡服，戴尖状毡帽，持羽扇和齿状法器，作舞蹈状；后四人为头戴小冠的乐者，从左至右分别持节、拍腰鼓、击铙、吹奏。老者形象与河北磁县东魏茹茹公主墓（武定八年，550 年）出土的柔然贵族驱魔、祈福的“萨满巫师俑”十分相似，沈从文先生释之为“文康舞”。四人组和五人组的鼓角横吹图像，四人组吹长角、击鼓持

图 20　江西南昌火车站东晋墓出土漆盘抚琴宴飨图

图 21　镇江博物馆藏孙吴青瓷谷仓罐陶塑

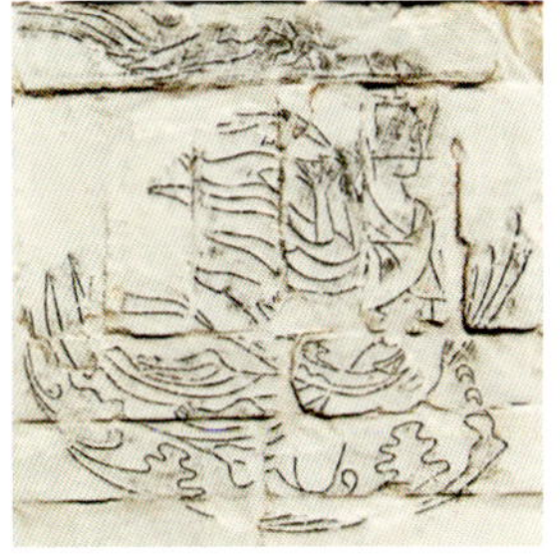

图 22　浙江余杭小横山南朝画像砖墓

图 23　河南邓县学庄画像砖墓乐舞图

图 24　吉林集安五盔坟四号墓第二重顶石所绘伎乐人

鼗；五人组，执横笛、排箫、长角二、竖笛（或笳）均着褶袴类北方民族服饰。鼓吹类乐人形象多来自北方，如西安草场坡十六国墓的骑马吹角俑、咸阳平陵十六国墓出土鼓吹俑，与北方草原民族关系密切。

魏晋南北朝时期，高句丽作为北方游猎民族的一支，与中原的关系从受汉王朝的单一影响，变为受北朝和南朝的双重冲击，特别是与北魏和刘宋王朝的交往中，逐步改变了其民族的文化面貌。在集安出土这一时期的古墓壁画中，表现了伏羲女娲、黄帝神农、四神、各种飞仙、神禽异兽等，极具汉晋以来中原民族的信仰体系。在音乐文化方面，约当于南北朝时期的集安长川一号墓、集安五盔坟四号墓的壁画中的伎乐传统，也与汉晋时代的中原传统保持一致，并完好地保存了如卧箜篌这类乐器的演奏方式。在《艺文类聚·乐部四》中有“汉武帝赐韩耶单于竽、瑟、箜篌”的记载，汉以来的中原之箜篌，就是这种带有通品、器身小于瑟的弹弦乐器。五盔坟四号墓第二重顶石绘有弹琴伎乐人，右手拨弦，左手抚琴，从其琴体上匀称排列的品柱装置看，与三国吴墓所出卧箜篌乐俑和河西魏晋墓出土的卧箜篌乐人画像上的乐器相同。这类乐人在北魏时期的云冈石窟伎乐天中亦可见到。集安高句丽墓的弹卧箜篌乐人，头戴莲花冠，衣袂飞扬，与南朝画像砖墓的飞仙伎乐人风格相近。中原传统音乐在东北亚音乐传承中可找寻到其存在的踪迹（图 24）。[37]

音乐文化在魏晋南北朝时期的多民族汇融，是这一时期音乐风格呈现多元性的主因，而对其中华夏传统音乐存亡绝续轨迹的探索，可以见出在频仍的战乱和迁徙中，华夏音乐新的生命涅槃而生，从而奠定了隋唐音乐文化的多彩和辉煌。陈寅恪先生指出，隋唐制度虽然纷繁复杂，但主要有三大源头：一是北齐继承的北魏礼乐典章制度，实为汉魏晋南朝制度遗存；二是南朝梁陈以来的制度；三是西魏北周的制度，这一时期音乐文化也是如此，这其中，重要的源头和组成部分，就是汉晋以来的华夏音乐文化传统。

注释：

[1] 谭其骧：《晋永嘉丧乱后之民族迁徙》《长水集》（上），人民出版社，1987年。

[2] （明）胡震亨：《唐音癸签》卷十五，上海古籍出版社，1981年。

[3][4][17] 《二十五史乐志》之《晋书·乐志上、下》。

[5] （南朝·梁）刘勰：《文心雕龙》时序篇。

[6] （晋）陈寿著、裴松之注：《三国志·魏志·武帝纪》引王沈《魏书》。

[7] 南京市博物馆、南京市江宁区博物馆：《南京江宁上坊孙吴墓发掘简报》，《文物》2008年第12期。

[8] 湖北省文物考古研究所、鄂州市博物馆：《湖北鄂州市塘角头六朝墓》，《考古》1996年第11期。

[9] 宗旸：《孙吴时期青瓷俑的分类与社会生活》，《南方文物》2010年第3期。

[10] 甘肃省文物考古研究所：《酒泉西沟村魏晋墓发掘报告》，《文物》1996年第7期。

[11] 牛龙菲：《嘉峪关魏晋墓砖壁画乐器考》，甘肃人民出版社，1981年。

[12] 戴春阳编：《敦煌佛爷庙湾西晋画像砖墓》，文物出版社，1998年。

[13] 吴礽骧：《酒泉丁家闸五号墓壁画内容考释》，《敦煌学辑刊》1983年第00期。

[14] 陕西省文物管理委员会：《西安南郊草厂坡北朝墓的发掘》，《考古》1959年第6期。

[15] 刘卫鹏、岳起：《咸阳平陵十六国墓清理简报》，《文物》2004年第8期。

[16][21][28] （唐）魏征：《隋书·志八·音乐》，中华书局，1982年。

[18] 倪润安：《北魏平城时代平城墓葬的文化转型》，《考古学报》2014年第1期。

[19] 山西省大同市博物馆、山西省文物工作委员会：《山西大同石家寨北魏司马金龙墓》，《文物》1972年第3期。

[20][30] （北魏）杨衒之著、周祖谟校释：《洛阳伽蓝记校释》，中华书局，2010年。

[22] 洛阳博物馆：《洛阳北魏元邵墓》，《考古》1973年第4期。

[23] 洛阳博物馆：《洛阳北魏杨机墓出土文物》，《文物》2007年第11期。

[24] 黄明兰：《从洛阳出土北魏石棺和石棺床看世俗艺术中的石刻线画》，《中原文物》1984年第1期。

[25] 李文生：《龙门石窟的音乐史资料》，《中原文物》1982年第3期。

[26] 林雅秀 :《石窟艺术中的伎乐人研究——以中国三大石窟为例》,《天津音乐学院学报》2014年第1期。

[27] 河南省文物研究所编 :《巩县石窟寺》，文物出版社，1989年。

[29] 葛承雍 :《北朝粟特人大会中袄教色彩的新图像——中国国家博物馆藏北朝石堂解析》,《文物》2016年第1期。

[31] 毛阳光 :《唐代洛阳粟特人研究——以出土墓志等石刻史料为中心》,《郑州大学学报》2015年第7期。

[32] 西安市文物保护考古所 :《西安北周康业墓发掘简报》,《文物》2008年第6期。

[33] 山东省文物考古研究所等编 :《山东临朐北齐崔芬壁画墓》,《文物》2002年第4期。

[34] 江西省文物考古研究所 :《南昌火车站东晋墓群简报》,《文物》2001年第2期。

[35] 杭州市文物考古研究所、余杭博物馆编 :《余杭小横山东晋南朝墓》，文物出版社，2013年。

[36] 河南省文物局文物工作队编 :《邓县彩色画像砖墓》，文物出版社，1959年。

[37] 吉林省文物工作队 :《吉林集安五盔坟四号墓》,《考古学报》1984年第1期。

浅谈丝绸之路对宁夏古代音乐文化的传播和影响

周 媛 李海东（宁夏博物馆）

丝绸之路是一架连接古代欧亚大陆的桥梁，也是一条沟通东西方文明的通道。它将人类古代四大文明体系——中国、印度、希腊和伊斯兰文明相通相连，相互碰撞，其意义已远远超过了商业贸易的范围，在人类文明发展历程中产生了巨大影响。2014年6月22日，由中国、哈萨克斯坦、吉尔吉斯斯坦三国联合申报的“丝绸之路东段：长安——天山廊道的路网”成功列入世界文化遗产。可见，丝绸之路带来的历史、政治、文化、经济、艺术、宗教上的交流和繁荣，已经不能限于某个国家或者地区，而是人类共同的文化遗产。

从现存史料记载看，中国官方出使西域的时间始于汉代。公元前138年至前127年，汉武帝派张骞两次出使西域，他把西域各国的情况介绍到了中国，同时也将这位雄才大略的皇帝与西域国家沟通往来的野心和决心带到了那里。到了公元前60年，西汉政府在西域设置西域都护府，正式将西域纳入其统治范围，用其强盛的国力保证了丝绸之路的畅通。

丝绸之路的开通，从最初的使节走访、互通有无，进而至贸易往来、宗教文化等交流传播，其功能已经远远超过了汉朝统治者最初的设想，异国的风俗民情、文化艺术和奇珍异宝，通过一波一波使节和浩浩荡荡的马驼队伍被源源不断地带入中原腹地，刺激着中国传统文化的神经，却也被潜移默化地改变和吸收，彻底融入中华文明的浪潮中。其中，音乐作为一种沟通无障碍的“语言”，成为丝路各国使节团来华交流的必备选项。

一

汉代张骞凿空的丝绸之路又被称作“西北绿洲丝绸之路”，该线路基本可分为三段：东段从长安到玉门关、阳关一线；中段从玉门关、阳关以西至葱岭一线；西段指葱岭往西经过中亚、西亚直到欧洲的线路。

其中东段线路从长安出发至阳关，全长达1800公里，一般称为河陇道。这条线路又可分为三线——南、北、中线，北线从泾川、固原、靖远至武威，此线路最短。宁夏固原正处于东段北道必经之地。

汉代的固原居住着汉人、南匈奴人、月氏人和羌人等，各族人相互交往和融合，促进了当地东西文化的交流和碰撞，也刺激着经济的发展。据史料记载，这里“牛羊衔尾，骡马塞道”，为途经丝路的商旅提供了良好的过往环境。

北魏太延二年（436年）置高平镇，即今固原，正光五年（524年）又改高平为原州，此地被称为“国之蕃屏”，北周视高平为“霸业所基”，故这里是西魏、北周王朝统治者的根据地。

图 1　胡人伎乐俑

图 2　绿釉陶扁壶

作为丝绸之路东段北道的必经之地固原，在这一时期，一度成为丝绸之路上的重要国际都市，商贾、贡使、僧侣络绎不绝，随之而来的还有西域的乐舞和艺人，他们将各自的乐舞文化一路向东传至中原，在此过程中也被接纳进而融入宁夏古代地方乐舞文化之中，并广泛流传。

北魏新集墓地出土的胡人伎乐俑，有击鼓者（图 1）、吹角者，神情专注。须弥山石窟北魏第 51 窟中心塔柱座每面八个伎乐人，有的吹横笛，有的弹琵琶，有的击羯鼓，有的奏箜篌等。这些都反映出中、西亚乐舞在当时宁夏固原的传播和影响。

在固原发现的一系列北周墓地，众多出土文物亦反映当时“丝绸之路”途经的中亚、西域诸国对当地社会文化的深远影响。1983 年在位于固原南郊乡深沟村南侧的北周李贤夫妇合葬墓出土的大量陶俑中就有胡人的造型，部分身披鳞甲，带有波斯风格，说明它们是中西文化交流的产物。同时出土的数件吹奏陶骑俑，均为彩绘，着风帽长衣，持排箫等吹奏乐器。该墓中同时也出土了诸如玻璃碗、萨珊波斯鎏金银壶、金戒指、环手铁刀等一批西方舶来品。1986 年在固原粮食局家属院工地出土一件绿釉陶扁壶（图 2），残高 11.3、宽 9.5 厘米，腹部两侧同为一图，为一组七人深目高鼻、身着胡服的乐舞表演图案。图正中一舞者面朝左侧，右臂向上高抬弯向头顶，左臂贴身下垂向后勾手，双腿交叉呈跳跃姿态，左脚踩于一圆毯之上，正翩翩起舞；其左右各有一舞者，或双臂高举，或伴舞助兴；画面两侧有四名持乐器演奏者跪坐于一旁，手中长笛、琵琶、排箫、箜篌清晰可见。画中主舞者的姿态同西域胡旋舞（或胡腾舞）的记载极为相似，从舞者衣着亦可见西域胡人着装风格，而图中横抱的琵琶当是来自于中亚的一种曲项琵琶，又称“胡琵琶”、与图中的竖箜篌均为西域传入。《隋书·音乐志》有记载：“今曲项琵琶、竖头箜篌之徒，并出自西域，非华夏旧器。”图中来自西域的胡琵琶、竖箜篌与长笛、排箫这类中国传统乐器同场演奏，堪为中西合璧，是内地音乐与西域音乐相结合的生动写照。

二

隋唐时期是丝绸之路的繁盛时期，也是不同地域文化交流、碰撞、融合的大繁荣时期。伴随着众多中亚、西亚移民流入中国，一些与其相适应的风俗习惯、生活方式、宗教信仰等都不断进入中国，并在一定程度上发生变异，与中华文明产生碰撞和交融。大唐长安盛行胡风，衣、食、住、行无不受胡人影响，特别在乐舞方面更是昌盛不衰。在宁夏盐池苏布井乡窨子梁唐墓出土的石刻胡旋舞墓门，就反映了当时不仅是长安，很多地方特别是“丝绸之路”经过的地带，都已受到胡风的浸染。

石刻胡旋舞墓门是1985年在宁夏盐池县窨子梁唐墓中发现的（图3）。墓门石质，两门扇外侧上下有圆柱状榫，门面闭合处各有一孔，出土时用铁锁锁扣。门正面凿磨光滑，各雕男舞者一人。所刻男舞者为典型的胡人形象：虬须卷发，深目高鼻，胸宽腰窄，体魄健壮。身着圆领紧身窄袖衫，下着短裙，足蹬长筒靴，勾手扬臂，摆手扭胯，提膝腾跳舞于一椭圆形毯上。二者造型不同，左边舞者侧身回首，左脚站立圆毯上，右腿后屈，左臂抬起后扬，右臂屈至头顶；右侧舞者右脚立毯上，左腿前伸，双臂上屈，至头顶方合拢。二者均手举长巾，熟练挥旋，舞姿雄健迅急，洒脱奔放，又不失柔软诙谐。门扇画面丰富，四周剔地浅浮雕卷云纹，似舞技腾跃于云气之中，造成流动如飞的艺术效果。整个画面构思精妙，主题突出，人物面部表情灵动自然，体态轻盈健美，雕刻生动，线条流畅，引人入胜。

图3　石刻胡旋舞墓门

胡旋舞，以旋转为主要舞姿，技艺高超，称绝一时，有男子、女子独舞。出自中亚康国（今乌兹别克斯坦撒马尔罕一带），其豪放、健朗的舞蹈风格，矫健明快、俏丽潇洒的舞姿，与唐代开放、向上、博采广收的时代精神相吻合，风靡一时。史载安禄山、杨贵妃都曾是胡旋舞的高手。白居易有诗《胡旋女》：“胡旋女，胡旋女，心应弦，手应鼓。弦鼓一声双袖举，回雪飘摇转蓬舞。左旋右转不知疲，千匝万周无已时。人间物类无可比，奔车轮缓旋风迟。曲终再拜谢天子，天子为之微启齿。胡旋女，出康居，徒劳东来万里余。中原自有胡旋者，斗妙争能尔不如……”胡腾舞则是从西域传入中原的一种男子独舞，以腾跳动作为主要特点，流行于北朝至唐代，深受当时中原贵族的赏识，据载出自中亚石国。[1]“舞者头戴缀珠的尖顶番帽，身穿窄袖胡衫、腰系有葡萄纹的长带，脚穿华丽柔软的锦靴，在地毯上表演，有时先跪地致语，祝颂一番，有时痛饮一杯酒，掷杯即腾跃踏跳起来。”[2]唐代石刻胡旋舞墓门的发现，反映出中、西亚乐舞对宁夏地区古代乐舞文化的深刻影响，是中西文化交流十分珍贵的遗物，是西域文化艺术与中原地区石雕工艺有机结合的结晶，也是当时北方民族大融合历史背景的实物见证。

三

公元11世纪初党项族建立西夏政权后，完全控制了丝绸之路的河西走廊之道，因其与宋朝长期对峙的政治局面，严重影响了西域诸国与宋朝之间的往来贸易，进而阻碍了两大区域之间的联系。据宋代洪皓撰写的《松漠纪闻》记载，西夏对过境的贸易采取重税制，“夏人率十而指一，

必得其最上品者，贾人苦之”。西夏还对国内物资实行禁运制，包括畜牧、战具等方面，而途经的西域商人，也受制于此规定，如有违反，以严格的制裁方式对待。

与西夏的贸易限制相对应，宋朝出于安全方面的考虑，对经过西夏境内的使节和商人也采取了限制的政策。在两个政权的相互夹击之下，使这条长达 250 年之久的以灵州为中心的大规模的国际商贸活动趋于萎缩，陆上丝绸之路东段逐渐走向衰落，相反，这种局面却恰恰刺激了海上“丝绸之路”的发展，中西交往的局面得以延续。

这一时期西夏乐舞的发展，也有较高的成就。西夏的主体民族党项羌本就是一个能歌善舞的民族，据《西夏书事》记载，早在唐僖宗时曾赐给党项首领拓跋思恭全套鼓吹器乐，共有三架。大驾用 1530 人、法驾用 781 人、小驾用 816 人，以金钲、节鼓、掆鼓、大鼓、小鼓、饶鼓、羽葆鼓、中鸣、大横吹、小横吹、筚篥、桃皮、笳、笛为乐器。[3]说明在唐末时期，党项族就已经受中原音乐的影响了。直到宋代，党项人的音乐依然留有唐代遗风。李元昊即位后，一改效法中原音乐的传统，下令“革乐之五音为一音”，在其统治区域中流行。据史料记载，惠宗秉常、崇宗乾顺都很喜爱并重视音乐，崇宗乾顺曾作《灵芝歌》同大臣们相互唱和，说明其时音乐之盛。

西夏设有专门管理音乐的机构，称作“蕃汉乐人院”。当时使用的乐器种类繁多，弦乐、管乐和打击乐器都有，如三弦、六弦、琴、筝、管、笛、笙、箫、七星、大鼓等，传自西域的琵琶、箜篌等乐器亦在使用，可见当时西夏音乐的发展已融合了党项羌、中原及西域等多方音乐文化而自成体系。

由于途经西夏的丝绸之路严重受阻，不仅影响了西域与中国内地的交流，同时也降低了西夏对外交流的可能。唯一能寻觅到丝绸之路交流痕迹的，只有出土于宁夏的大量西夏时期的佛教遗存。

四

蒙元时期，蒙古人一路扩张，建立了一个横跨欧亚的大帝国，一度受阻的陆上丝绸之路恢复畅通，“丝绸之路”宁夏段再现繁荣。蒙古统治者为了便于各地的管辖和通商，将原来“丝绸之路”宁夏段向东延伸，到达元代都城。

据意大利著名旅行家马可·波罗在其《马可·波罗行纪》中记述，他来到中国的路线大约自威尼斯出发，横渡地中海，越过小亚细亚和帕米尔到达我国新疆，然后经甘州（张掖）、额里湫国（凉州）、额里哈牙（宁夏）、天德军（呼和浩特）至元上都。这条道路也是很多东来的欧洲人的选择。由此可见，这一时期，在宁夏北部及内蒙古河套地区存在着一条中国通往欧洲的交通干线。

自成吉思汗 1219 年远征中亚、波斯后历经窝阔台、贵由及蒙哥时期的几次西征，蒙古贵族先后征服了中亚、西亚广大信仰伊斯兰教的各民族，他们不断地被应征签发或自动迁徙来到中国，以工匠、商人、学者、掌教、官吏等不同身份散居到全国的各地。在宁夏，这部分西来的伊斯兰教信徒与当地民众融合繁衍，逐渐成为宁夏回族的一部分。当地的宗教信仰、民风习俗受到伊斯兰文化的影响，逐渐在其文化艺术和宗教习俗中表现出来。

这一时期宁夏地区的乐舞，除了继续保留西夏时期的音乐传统外，自然受到蒙古草原音乐文化的影响，富有草原特色的蒙古族乐器火不思、胡琴和三弦在北方广为流传，扩大了蒙古族音乐的传播和影响。此外，当时宁夏地区的回族宗教音乐，也或多或少受阿拉伯地区伊斯兰文化的影响。伊斯兰教提倡用美好的音乐和声音赞颂真主，传播教义，因此，随着伊斯兰教传入中国，伊斯兰音乐也传向各地，只不过这种传播在受当地生活习俗、方言声韵和演唱习惯的限制后，很自然地与地方音调糅合，既保留了伊斯兰音乐的成分，又突出地方音乐特色，形成了当地回族传统音乐。宁夏回族还接受并传承了宁夏古代乐器和西北边塞乐器及其他音乐元素，发展为独具特色的回族民间乐器。哇呜、咪咪、口弦（图 4）就是汉唐以来在宁夏流传的古乐器埙、羌笛、芦管、簧的流变和遗存，至今还在宁夏回族群众中流行。

自宋代以后，中国经济重心的南移，使海上丝绸之路日渐兴盛，中国同其他各国的交往集中至沿海各地，海上交通线路成为与外界联系的重要桥梁和纽带。元代及其以后，随着亚欧大陆气候的转变和西域各大古国的消亡，陆上丝绸之路虽然逐渐衰落并淡出历史舞台，但它所蕴含的厚重历史文化、深远影响及所散发的魅力却是恒久的。

丝绸之路沿线，文化积淀丰厚，其中音乐文化尤为瑰丽多彩。从这个角度来看，本次展览无疑是非常令人期待的。草撰此文，概述丝绸之路与宁夏古代音乐文化之渊源，不足之处，敬请指正。（宁夏固原博物馆为本文提供部分文物图片）

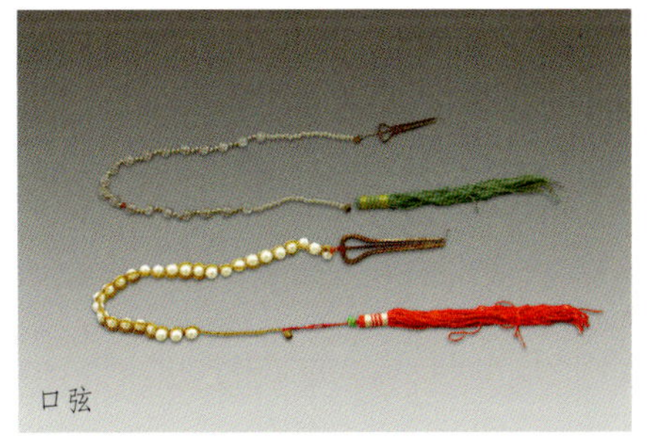
口弦

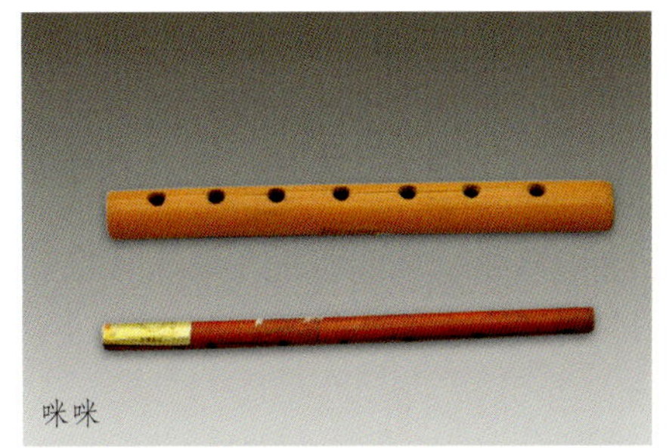
咪咪

陶哇呜

瓷哇呜

图 4　宁夏回族乐器

注释：

[1] 上海人民出版社编：《中华文化通志·乐舞志》，上海人民出版社，1998 年。
[2] 上海人民出版社编：《中华文化通志·乐舞志》，上海人民出版社，1998 年。
[3] 李范文主编：《西夏通史》，宁夏人民出版社，2005 年。

咸然奏天乐 歌叹最胜尊

——西安地区所见唐代佛教遗存中的乐舞图像

王乐庆（西安博物院）

在佛教的未来世界中，有“兜率天”、“阿弥陀佛西方净土”、“东方净琉璃世界”等“西天净土”与“极乐世界”，在那里专设戏台舞榭，以盛演令人心畅神怡的天界乐舞。[1]《佛说如幻三摩地无量印法门经》：“或有天女执众乐器，所谓琵琶竿篥、琴笙箜篌、螺鼓小鼓、拍板等类，作妙音乐。”[2]“钟鼓、琴瑟、箜篌、乐器诸伎，不鼓皆自作音声。”[3]“箜、篌、箫、笛、琴、瑟、鼓、吹，如是乐器不鼓自鸣。”[4]《无量寿经》下曰：“咸然奏天乐，畅发和雅音，歌叹最胜尊，供养无量觉。”[5]受佛国天界音乐舞蹈之影响，以及佛教经典中关于乐舞杂戏的诸多记载，僧众世俗皆重乐舞。梁慧皎曾盛赞乐舞的四德五利：“故奏歌于金石，则谓之以为乐，设赞于管弦，则称之以为呗。夫圣人制乐，其德四焉：感天地，通神明，安万民，成性类。如听呗，亦其利有五：身体不疲，不忘所忆，心不懈倦，音声不坏，诸天欢喜。”[6]宋赞宁亦云：“光洁者闻呗声而欢喜，乃可谓宫商佛法，金石天音，哀而不伤，乐而不佚，引之入慈悲之域，劝之离系薄之场。”[7]据《般泥洹经》说，伎乐为佛前供养之一：“而以伎乐，礼事供养。”[8]鸠摩罗什也曾大力提倡以乐娱神：“若使人作乐，击鼓吹角贝，箫笛琴箜篌，琵琶铙铜钹，如是众妙音，尽持以供养，或以欢喜心，歌呗颂佛德，乃至一小音，皆以成佛道。”[9]种种可见，乐舞是佛教文化中不可分割的重要组成部分，可使诸天闻者皆发无上道心，僧众闻者从而收摄浮躁涣散的心神，感受到一种潜移默化的宗教体验。

佛教乐舞在唐代达到顶峰，唐“九部乐”、“十部乐”所用，大多是佛曲，陈旸《乐书》载李唐乐府曲调所用佛曲有二十八数之多。[10]颂扬佛的乐舞画面也遍布佛塔、经幢及佛教造像等各个方面。

一 佛塔门楣上的乐舞图像

在佛塔或佛塔地宫的重要组成部分——门楣上，往往绘制有极具佛教特色内容的图像，以表现佛教世界的种种美妙，其中不乏乐舞图像。

1. 法门寺塔地宫门楣

法门寺地宫为唐代建筑，坐北面南，内设四道石门，其中在第一道石门门楣下的门槛石上线刻有伎乐一组（图1）。门槛石共三层，第一、二层刻诸佛及供养人名，第三层莲瓣中刻一组三个伎乐人。左右两者光头形象，面相丰满圆润，并排站列，相互对望，飘带绕于颈臂飞扬。左者双手持横笛正在吹奏，横笛即今日之竹笛，传为张骞出使西域后输入长安，在乐队中居重要领奏地位；右者双手击拍板，拍板由西北少数民族地区传入中原，隋代已应用于乐舞、仪礼和佛教音乐中，唐代时广为流传；中间一人略向后站于一圆毯上，右腿弯曲抬起，双臂伸展身躯舞动。舞者形象与甘肃山丹县博物馆藏“胡腾舞铜人”的造型相似，可推测该舞者正在起跳胡腾舞。胡腾舞起源于中亚地区的石国，为男子单舞，通常舞于花毯之上，以跳跃和急促多变之腾踏步为主，节奏急迫，舞姿雄健，配乐则是以横笛、琵琶等丝竹乐器演奏的乐曲为主。“胡腾舞”集中体现了东西文化的交流和融合，唐代传入我国后很快风靡都城长安，同时还被引入宫廷，成为宫廷乐舞。唐代诗人李端的诗作《胡腾儿》就是描写“胡腾舞”的典型篇章，元稹《西凉伎》中也有“胡腾醉舞筋骨柔”的诗句描述。法门寺地宫门槛石上的这名舞者形象正是胡腾舞流行于宫廷的一个体现。另在法门寺唐代地宫门槛石下的其他残石上，亦绘制一件乐器图像，中间细，两头绷有细绳，图形和小雁塔门楣上摩尼宝珠两边所绘乐器相同，应为都昙鼓，说明此鼓在唐代是十分盛行的一种乐器。

2. 鸠摩罗什舍利塔

位于陕西省西安市户县草堂寺舍利塔院内，是安放鸠摩罗什法师舍利的灵塔，塔身北面刻有“姚秦三藏法师/鸠摩罗什舍利塔”十三字。塔的形制为八角亭阁式塔，选用玉白、砖青、墨黑、乳黄、淡黄、浅蓝、赫紫、灰色八种颜色的大理石及玉石镶拼、雕刻而成，因而俗称“八宝玉石塔”。塔共十二层，高 2.5 米。罗什塔的很多要素，都表现出唐代的风格。[11]

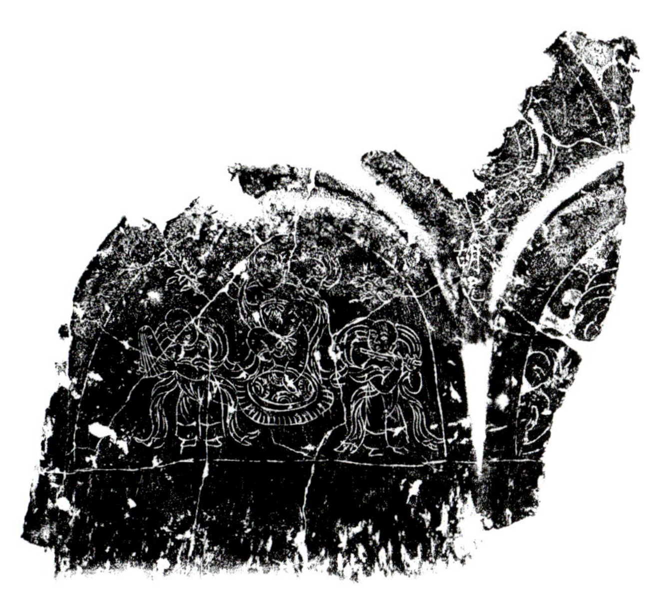

图 1　法门寺地宫门楣下门槛石

塔上雕刻须弥山、海水及卷云纹饰，其中在塔檐底部四面，线刻有飞天图像，每面两个。飞天均只现上半身，装束和姿态相同，头部饰有高高的花鬘，胸前佩戴项链，臂着钏。其中有两面的飞天为连续排列，双手各自捧着果盘；另两面的飞天并排排列，头部相向内倾，共同执一果盘。（图 2）

图 2　鸠摩罗什舍利塔局部

飞天是指乾闼婆和紧那罗，或者谓

之“天歌神”与“天乐神”，最早的记载见于印度史诗《罗摩衍那》，其中有诗句描绘：“天鼓发出阵阵声响，歌声乐器依次迸发。成群的天女在跳舞，乾闼婆在曼声歌唱”，可见乾闼婆是音乐之神。慧琳《一切经音义》说：“紧那罗音乐天也，有微妙音响，能作歌舞……”，可知紧那罗是歌舞之神。在印度神话中，他们同为佛教“天界”专司乐舞之天神，按照帝释天的旨意向佛弹奏音乐作辅佐与供养，以歌舞香花等供养诸佛菩萨，后被列为天龙八部众神之中。传入中国后被统称为“飞天”，系指佛国天界里经天飞翔、能歌善舞，娱乐于神、并为佛国大千世界带来勃勃生机的天神。中国的佛教飞天形象以歌舞伎为蓝本，不生翅膀和羽毛，主要凭着一条长长的舞带和多变的身体动势，借助云彩的飘扬来表现随心自如的飞翔感，强调了飞天的音乐与舞蹈意识，是佛教中出现最为频繁、最具特色的乐舞形象。

3. 小雁塔门楣

小雁塔位于西安市友谊东路的荐福寺院内（今西安博物院院内），建造于唐中宗景龙年间（707~710 年），是为祈福和供养佛舍利而建，原为十五层，现存十三层，残高 43 米。在其南、北门楣上均刻有佛教题材的图案及纹饰，但因历史变迁模糊不清，其上又被明代题记覆盖，塔的北门楣线刻图相对南门楣磨损较少，被复原再现，今清晰可见原始构图内容，主要绘飞天、迦陵频伽、如意祥云、海石榴纹等图案及佛教乐器都昙鼓、鸡娄鼓等。整个画面是由顶部中间向两侧发散的构图形式，飞天、迦陵频伽等纹饰作为拱卫，中央纹饰是摩尼宝珠（上部）和海石榴（下部）。摩尼珠作为佛教、袄教、摩尼教等外来宗教共同供奉的宝物，常常出现在门楣（额）等重要位置的中间部位，具供养、护佑与往生净土的功能。海石榴纹在宋代的《营造法式》中被列为华品一品第一，地位在所有花卉之上，是具有天界宝瑞特性的纹样。

门楣形状呈半圆形，中间以卷草纹为界栏将整个门楣分为上下两层，上层在中心部位刻摩尼宝珠，底部以祥云烘托，两边由衣裾飘带的两个飞天分别以左、右手共同托起，二飞天的另一只手又各高举托有果盘。向外两边递次各为一形体略小的飞天，双手捧果盘。飞天面形丰满，体态轻盈，每个飞天间刻有一只飞鸟，共四只。根据《佛说阿弥陀经》中的描述，应为白鹄、鹦鹉、秋鹭和孔雀。“彼国常有种种奇妙杂色之鸟——白鹄、孔雀、鹦鹉、舍利、迦陵频伽、共命之鸟。是诸众鸟，昼夜六时出和雅音。其音演畅五根、五力、七菩提分、八圣道分，如是等法。其土众生，闻是音已，皆悉念佛、念法、念僧。”[12] 近代高僧斌宗法师认为弥陀经中的六种鸟表示“南无阿弥陀佛”六字洪名，其中白鹄的高洁出尘，代表阿弥陀佛的清净法身无诸垢染；孔雀的华丽开屏，代表弥陀相好庄严的果报身。余四，表应身种种化现：鹦鹉表真语者、实语者、如语者；舍利鸟的眼光锐利、精准、清澈；迦陵频伽是妙音鸟，佛陀的声音称迦陵频伽音，是纯善无恶的语言；共命之鸟象征万法皆我身。众鸟共唱和雅妙音，令闻生善，乃生道法。又《阿弥陀经要解》中释义：“种种奇妙杂色之鸟，言其多且美也。且寄此间所爱赏者，以言其似。舍利即鹙鹭，及白鹤、孔雀、鹦鹉四种，皆此地所有，人所共珍。迦陵频伽此云妙音，未出𣪊时已有音声超众鸟故，此地所无。

共命鸟，一身两头识别报同，亦此地所无。西土雪山等处有此二种，然皆不可比于极乐奇妙众鸟，特言其似而已。”[13]迦陵频伽及共命鸟世间稀有，只见于西土雪山，故画面中只出现其余四鸟。诸鸟飞集往来，游戏翱翔，出妙好声清幽和雅，犹如天乐令人乐闻。

摩尼宝珠顶部两边有一细腰长鼓，上绷有调节鼓皮张紧的细绳，疑为都昙鼓。都昙鼓为打击乐器之一，《旧唐书·音乐志二》："都昙鼓，似腰鼓而小，以槌击之。"[14]其特征为鼓身特别细长，鼓面直径小，不用绳索绷皮，在敦煌石窟盛唐 124、148、217 等窟中可见图形。两细腰长鼓之上又有一鼓状乐器，其形如瓮，腰有环，推测为鸡娄鼓。鸡娄鼓亦为打击乐器之一，鼓状若球形，两端张以皮革，鼓面直径小，壁画中表现此鼓图像甚多，仅莫高窟从北周 290 窟至五代 146 窟共绘鸡娄鼓 74 个。诸乐器浮于空中，可不鼓自鸣，《观弥勒菩萨上升兜率天经》中描绘："其光明中具诸乐器，如是天乐不鼓自鸣，此声出时，诸女自然执众乐器，竞起歌舞。所咏歌音演说十善、四弘誓愿，诸天闻者皆发无上道心。"[15]《起世因本经》亦说："如是复诣音乐树边，树亦低垂，自然而出种种乐器，随意而取，或弹或打，或歌或舞，音声微妙。"[16]

整个门楣上半部画面间隙以如意祥云纹填充。下半部画面以海石榴为中心，边饰亦以海石榴纹填充。两旁刻一人头鸟身的迦陵频伽纹，头戴花冠，腕戴钏环，双手捧物，相向飘舞。"迦陵频伽，妙音鸟也，其鸟未出瞉时，即发声微妙，以压众鸟，一切天人声皆不及，唯佛音愈之。"[17]人面鸟身的"迦陵频伽"，或称美音鸟、妙音鸟，以能发妙音、善歌舞闻名，常用来烘托佛界的歌舞音乐气氛（图 3）。

4. 大雁塔门楣

大雁塔位于陕西省西安市雁塔区的慈恩寺内，建于唐永徽三年（652 年），是为保存玄奘法师从印度带回的佛像经卷而建，在其北门门楣上刻有乐舞伎等图像（图 4）。门楣呈半圆形，分为上下两部分。上层为佛说法图，以佛陀为中心，众弟子、菩萨、护法诸天等环绕左右。下层分为八个方龛，方龛内以阴线分别雕刻舞伎和乐伎人物。最中间两人为舞伎，身披长长的帛带，站于圆毯上飞扬舞动；两边刻乐伎，均头戴宝冠，手持乐器，屈膝趺坐于圆毯上。右边三个右起分别持铜钹、笙和箜篌，左边三个左起分别持筚篥、横笛、腰鼓。所持乐器中，钹随佛教传入中国，为佛教中伎乐供养具之一，后引入世俗乐队；笙属吹奏乐器，在中国出现的历史极早，在殷墟甲

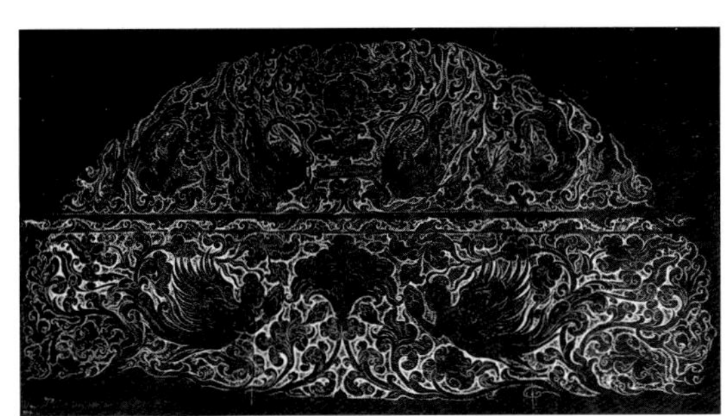
图 3　小雁塔门楣

图 4　大雁塔北门楣

骨文字中，就有其象形文字；箜篌从印度传入我国，在古代有卧箜篌、竖箜篌、凤首箜篌三种形制，14 世纪后期不再流行，以致慢慢消失，现只能从壁画和出土文物上看到箜篌图样；筚篥作为胡乐经丝路传至中原，其音色或高亢清脆，或哀婉悲凉，质感鲜明，在法曲等演奏中常为领奏器乐，壁画中出现甚多，各时代均有；横笛前已有述；腰鼓为打击乐器，其特点是细腰，鼓形若两只碗，两端碗口张以皮革。

5. 庆山寺舍利塔基精室石门门楣

门楣上弧下平直，其上线雕图案内容丰富，主题是卷云、飞天、对鸟、双凤、海石榴。上段主要刻两迦陵频伽鸟人首凤身，头戴花冠，宝缯飘舞，项戴链，腕戴钏环。二鸟相对立于海石榴丛中，双翅舒展，长尾拖后。左者赤臂吹奏排箫，右者赤臂弹拨琵琶。排箫属我国民族乐器，其图形在历代壁画、石刻、墓葬、陶俑中都有描绘，尤其是在敦煌壁画中，排箫表现十分充分，从北魏开始各朝代均有，可见其在古代乐舞中的重要位置；琵琶据汉代刘熙《释名·释乐器》：“批把本出于胡中，马上所鼓也。”至隋唐时琵琶已成为主要乐器。两迦陵鸟间有一裸体仙童，伸臂舒展向上。下段刻双凤、牡丹等。另在门扉上亦刻有飞天，飘带缭绕，组缨下垂，赤臂双手捧盘散花。（图 5）[18]

图 5　庆山寺舍利塔基精室石门门楣

二　经幢上的乐舞图像

陀罗尼经幢，是产生和盛行于唐代的一种佛教艺术表现形式，一般于幢柱上刻陀罗尼经，幢座上即刻表现佛教“极乐世界”种种美妙情景的佛教乐舞图像，巧妙地将未来世界所描述的乐舞思想与能使“一切业障悉能消灭”的陀罗尼经信仰结合起来，让信者更信。

1. 唐会昌二年经幢

现藏西安博物院院内。经幢上一面刻字：“今有彭城郡刘士宁知佛经，广利极俢，幽寘奉报先妣之恩，兼为过往宗亲，敬建造尊胜法幢，雕刻真言并书往生妙偈，今已成就，遂述愿云，乃为赞曰……会昌二年岁次壬戌四月十五日，哀子刘士宁、士通等建立，父刘凡，□母孙氏真如藏，哀女刘氏，侄男士直、士钊，新妇巨氏、李氏，刻字曹工某。”可知该经幢刻于唐武宗会昌二年（842年），为彭城郡居士刘士宁为其亡母孙氏建立功德而立。经幢为石质，八棱柱形，幢顶、幢身、基座三部分大致保存完好，幢顶覆莲花宝珠顶，两层华盖，八角出兽头。两华盖之间有八个佛龛，各刻佛像，有坐姿，有站姿，每佛姿态各不相同，站佛与坐佛相间雕刻；幢身满刻《佛顶尊胜陀罗尼经》及《佛说随愿往生十方净土经》。

经幢底部方形基座上浮雕伎乐演奏图。座每面两龛，第一面两龛各刻有一乐伎，一人弹箜篌，一人似在弹五弦；第二面两龛内刻一人吹排箫，一人吹筚篥；第三面两龛一人吹笙，一人吹横笛；第四面龛内一人双手抚琴，一人抬腿挥臂舞蹈。（图 6）

图 6　唐会昌二年经幢

2. 新兴乡经幢

现藏临潼区博物馆，唐大和三年（829 年）立，经幢为石质雕刻，八面柱形，幢顶不存，有幢身和幢座两个部分。经幢残体通高 198 厘米，幢身刻经文、建经幢记及捐建人名等，大部分文字清晰可辨。基座为方形须弥莲花座，共三层，上有壸（kǔn）门，每个壸门内刻一乐伎，手持乐器，弹打奏乐，四面共八个乐伎图像。东面两名乐伎分别持横笛、拍板，南面两名乐伎分别持洞箫和笙，西面乐伎持琵琶、腰鼓，北面所刻乐伎手持铜钹、排箫。此八名乐伎均头戴宝冠、帛衣披带，盘腿坐于圆形毯上奏乐。（图 7）[19]

图 7　新兴乡经幢

3. 善宁寺经幢

位于西安市以东地区的富平县张村善宁寺内，幢高约 350 厘米，保存完整。上有仰覆莲座，莲座上立幢身，刻佛顶尊胜陀罗尼经，字迹漫漶。下部为方形须弥座，束腰每面镌刻伎乐人各三。据县志载：善宁寺建于唐代，又依幢的造型及佛、菩萨、伎乐人等的雕刻技法来看，此幢可能属于盛唐。[20]

另有长庆元年经幢，位于铜川市黄堡镇新村，幢身刻佛顶尊胜陀罗尼经序及建幢年月，上有八角形宝盖，宝盖周围刻羽人及飞仙。[21]

4. 临潼区博物馆藏释迦如来舍利宝帐

1985 年临潼庆山寺遗址出土的唐代舍利宝帐，高 109 厘米，“工”字莲花须弥座，计由六块青石构件叠置而成。“工”

图 8　庆山寺如来宝帐

字部分下层由两块石板拼成，分为四台，由下及上第一台四面雕六组舞伎和团花，第二台雕团花和卷云，第三台雕蘑菇云和团花，第四台雕连续“S”纹。工字上层与莲座相连，共为三台，由下及上第一台为束腰部分，四面各雕舞伎四组；第二台雕卷云纹；第三台雕连续牡丹纹。帐体四面分别雕释迦说法、涅槃、荼毗、供奉四幅佛教故事画，周围雕卷云、梅花、天王、力士、迦陵频伽，宝帐盖上雕千姿百态的散花、捧果飞天。（图 8）[22]

三　佛座及佛教器物上的乐舞图像

佛座及佛教器物上的乐舞图像中出现的乐器种类多种多样，其中有的乐队中的乐器组合，被考证为是龟兹乐的缩小形式，这是古代宫廷和民间乐舞表演的真实写照。

图 9　石刻奏乐图佛座

1. 石刻礼佛奏乐图佛座

西安文物保护考古所 1977 年从西安新城内的“小碑林”运回，现藏于西安博物院，是盛唐时期的作品（图 9）。佛座呈正方形，正面是一幅礼佛图，其余三面为奏乐图，最早据西安市文管处姜克任、刘炎先生的考证，认为正面刻一博山炉，两翼是两名供奉僧，执勺向炉内添香。左侧刻一组男乐人，共三人，一人双手执铙钹，一人执杖挝（zhuā）羯鼓，第三人双手拍腰鼓。右侧刻另一组女乐人，一人拨阮，一人弹琵琶，第三人臂间挟“抚拍”，徒手作按节指挥状。背面也有一组（三个）乐人，一人捧笙，一人吹排箫，第三人吹笛。并认为这三组乐人，分为弦乐、管乐、打击乐三个乐部，组成一个完整的乐队。[23] 又据赵峰桐先生考证：右侧第一人是在弹曲项琵琶，不是拨阮，阮的音箱是圆形的，与琵琶的音箱之作梨形不同。第二人弹的是五弦琵琶，它的五个轸在石座上刻得很清楚。自南北朝至唐代的器乐合奏图中，弹琵琶者常与弹五弦者为邻。但五弦琵琶多简称为五弦，而不宜简称为琵琶。第三人弹的则是竖箜篌。这种乐器上部有弓形的共鸣胴（槽），下部横装肘木，张 20、22 或 24 弦，用两手弹拨，谓之擘箜篌。但在石刻中，它的弦每被略去，不予表现……从此伎乐天双手作弹拨状，以及乐器弓形底部收缩成细支脚的形制看来，乐器为箜篌无疑。整个乐队的乐器组合，大体上是龟兹乐的缩小形式。[24]

2. 西安碑林博物馆藏佛教乐舞石座

座上石像已佚，座呈长方形，中部的三面刻有八个壶门，内刻乐舞伎。除正中两个为舞伎外，其余六个均为乐伎。在两个壶门间有线刻蔓草图案。正面两舞伎身披飘带，头戴宝冠，上身袒露，下着贴身羊肠裙，赤脚站立相对而舞。正面左乐伎头部已残，盘腿趺坐，服饰与舞伎大致相同，怀抱琵琶。琵琶弦柱已残，从其形制看，属曲项胡琵琶，乐伎手中有拨器。正面右侧乐伎手中乐器佚，从其两手置胸前、作拍击状的姿态推测，应是手执拍板。左侧面两乐伎一系吹奏筚篥，一系吹奏排箫。右侧面两乐伎已残，均系半跪侧身，一乐伎所执乐器缺失，从残石形状上推测为笙，一乐伎双手平举左边，齐嘴，无疑是在吹奏横笛。[25] 同有学者考证这些坐形伎乐人所持乐器分别为排箫、筚篥、琵琶、竖笛等，是唐代民间乐舞表演的真实写照。[26]

另碑林博物馆还藏有一件北周青石佛立像，基座上刻有乐舞图像。佛像为青石制，2004 年西安市灞桥区湾子村出土，通高 246 厘米，其中佛座高 48 厘米，为覆莲座。正面浮雕香炉、比丘、天王；佛座左侧线刻两音乐天和一歌舞天，音乐天一手执筚篥正在吹奏，一怀抱竖箜篌作弹拨状，歌舞天双手伸向左上，舞姿优美，间隙以宝珠、花朵、祥云填充；佛座右侧线刻三身伎乐天，左侧两身一怀抱曲项琵琶、一腿上横放筝，均作弹奏状，最右侧伎乐天双手上伸，作舞蹈状，间隙填以莲花、卷草、忍冬纹；佛座背面左右线刻两伎乐天，均头戴花冠、佩项圈，呈坐姿，一为双手持排箫，另一双手握笙，做吹奏状。从这些伎乐天手执或弹奏的乐器看，应属西凉乐，史载西凉乐在西魏、北周谓之国伎，被刻于佛座上充当佛教天部的乐神。[27]

3. 白石观音伎乐座

西安东郊唐兴庆宫景龙池遗址出土，通高 73 厘米。下为二层圆座，第一层莲花座四周刻有六个壶门，每个壶门内浮雕一乐伎，其服饰、动态与西安碑林藏乐舞石座左侧乐伎相似。正中的壶门内刻一盘腿坐着吹排箫的乐伎，向左依次为横笛、腰鼓、铜钹、筚篥、拍板伎，比上述乐舞石座少一个琵琶伎，多一个铜钹伎。[28] 又据《陕西省志·文物志》记载，该菩萨像原置于西安东关景龙池废庙中，1952 年入藏西安碑林，观音头戴花冠，身着法衣，胸佩璎珞，盘腿坐于莲台上，莲台周围刻有六个乐舞人，形态不一，布局美妙。[29]

4. 鎏金伎乐纹银调达子

法门寺地宫出土。带盖，直口，深腹，平底，圈足。盖上沿面饰二方连续的蔓草，底部一周饰莲瓣，腹壁上刻三名吹乐、舞蹈的伎乐，四周衬以蔓草。一名乐伎身体呈“S”形，披帛带，右腿直立，脚尖向外，左腿弯曲向上抬起，脚尖与右脚呈相反方向向外，双手合掌举过头顶；一名乐伎弯躯屈腿，与第一个乐伎呈相对的“S”形，左腿直立，脚尖向外，右腿抬起，脚尖呈反方向向外，双手持箫正在吹奏；第三名乐伎头部微向右倾，双臂张开，手掌向下弯曲，两腿一前一后交叉站立，舒展的动作及飞扬的飘带表明了乐伎正在舞动。（图 10）[30]

图 10　鎏金伎乐纹银调达子

图 11　鎏金人物画银坛子

图 12　茶罗子盖面

5. 鎏金人物画银坛子

法门寺地宫出土。共两件，此为其一。带盖，直口，深腹，平底，圈足。主要的纹饰在腹壁，划分有四个规范的壸门，内各錾刻一幅人物画。第一幅为两人相对跪坐于蒲团之上，一人吹箫，一人双手捧钵；第二幅为一人跪坐于蒲团之上双手抚琴，一侧双鹤展翅而立；第三幅为一蛇口含宝珠，一人伸手接珠状；第四幅为一人跪坐于蒲团之上吹笙，其前一凤鸟展翅而舞。圈足部位錾凤凰、鸿雁、鸳鸯、鹦鹉等图案。（图 11）[31]

另在法门寺出土文物中，还有一件鎏金飞天仙鹤纹壶门座银茶罗子，其盖面上錾饰有两个首尾相对的飞天，上身裸露，下着裙，衣带飘扬，在云气纹的衬托下相向飞舞。（图 12）

四　佛教碑刻及壁画上的乐舞图像

碑刻及壁画上表现乐舞画面的图像尤为多见，但相关佛教主题的主要见于寺院，以临潼唐庆山寺精室中乐舞壁画的场景最为精美。

1. 雁塔圣教序碑

唐永徽四年（653 年）刻。分两石，各嵌于慈恩寺大雁塔南门左右龛内。左龛内系唐太宗李世民为玄奘翻译佛经所撰之序，右龛内系太子李治所撰玄奘取经过程的记，两者均由初唐四大书法家之一的褚遂良所书。碑高 148、宽 69 厘米，两碑相对而立。序碑上方额刻隶书“大唐三藏圣教之序”两行八个大字，与碑文均从右向左行；记碑额刻篆书：“大唐三藏圣教序记”两行八个大字，与碑文均从左向右行。在序碑碑冠下部，刻有佛、菩萨、四天王，两碑碑底则均刻有天人乐舞图。[32]

根据足立喜六《长安史迹研究》图版八四[33]所示，序碑底部乐舞伎共有三人，头戴宝冠，颈佩瓔珞，披飞扬帛带，带臂钏腕饰，跣足。右侧一人头向右倾，趺坐，左腿微抬，双手举于左侧持横笛吹奏；中间一人头向左倾，左腿后扬，右腿向前弯曲，举右臂向上弯曲，展开左臂舞动；左侧一人正面趺坐，右腿向上抬起，双手于胸前持拍板击奏。

根据足立喜六《长安史迹研究》图版八五[34]，记碑底部共有乐舞伎亦三人，头戴宝冠，颈佩瓔珞，披飞扬帛带，跣足，带臂钏腕饰。右侧一人盘腿趺坐，面向左倾，双手举于体侧，怀抱琵琶，作弹奏状；中间一人左腿前屈，右腿朝后，左手弯曲扬起，右手垂下，头向右侧，与序碑中的舞伎相对而舞；左侧一人正面趺坐，腹前置一腰鼓，双手放于乐器两端，似在拍打击奏。（图 13）

图 13　圣教序碑乐舞图

2. 唐集王右军吴文残碑

存于西安碑林博物馆，长安兴福寺出土，碑残高 80、宽 103 厘米。由宦官吴文于唐开元九年（721 年）立，唐代兴福寺僧人大雅等集东晋书法家王羲之行书刊碑、徐思忠等刻字而成，又称“吴文碑”或“镇国大将军吴文碑”。因出土时仅存下半截，亦称“半截碑”，为研习王羲之书法的重要碑刻。碑原在长安城兴福寺（今陕西西安西关），北宋修城入土，明万历年间（1573~1620 年）发现于西安南城壕中。碑侧上部刻甩长袖、翩翩起舞的舞伎两人，下部刻双手持笛吹奏的乐伎一人，坐于狮背上。[35]

3. 临潼唐庆山寺乐舞壁画图像

庆山寺是隋唐时期佛教在昭应（今临潼区）地区十院四十七寺中的一处名刹。1985 年 5 月在遗址内发现了安置释迦如来舍利的精室。在三平方米的精室内除出土了 127 件世所罕见的珍贵文物外，还发现了直接绘制在墙面上的五幅精美壁画，其中东、西两壁绘制有乐舞图。

东壁为坐部乐图：画面中央一根红柱将全画分为演奏、观赏两个部分。坐部乐舞伎共十人，描绘一舞者和十名演奏乐器者，分三排均面向南方呈坐姿。前排左起第一乐伎击羯鼓，第二乐伎击鼓，右有一乐伎奏乐不明；二排左起第一乐伎手持团扇，第二乐伎击鼓，第三乐伎吹箫，第四乐伎吹笛。后排左起第一乐伎奏乐不明，第二乐伎吹管，第三乐伎奏乐不明。坐伎皆束发挽髻，髻际扎组缨，项戴链，腕戴钏环，脑后有圆形头光。坐伎乐队前，一头挽发髻的舞伎翩翩起舞。大柱右侧是四柱支撑的廊房，廊外有山及树木，廊下结跏趺坐五个听赏乐舞的中外僧人。[36]有研究

者认为，该壁画中出现的乐器类型有鼓、横笛、鸡娄鼓、尺八、拍板、腰鼓、答腊鼓、排箫及多种圆形鼓状乐器。[37]根据文献记载和壁画中乐器使用以及演奏场面、人物服饰来看，应为龟兹乐。[38]

西壁绘坐部乐伎图：主要为一舞者形象和九名演奏乐器者。全画面分为两部分。柱右侧是三排九人的坐部乐伎。乐伎皆束发挽髻，髻际扎组缨，项戴链，腕带钏。前排左起第一乐伎吹横笛，第二乐伎弹拨琵琶，第三乐伎吹笙，第四乐伎拍板；中排第一乐伎吹排管，第二乐伎吹箫；后排三个乐伎奏乐不明。坐部伎乐前一个舞伎凌空起舞，仿佛是其和雅清澈、安详优美的旋律，使得舞者情不自禁地击节顿足，翩翩起舞。柱左侧是一座六柱廊房，柱间有花草，廊下坐着五个听乐赏舞僧人，沉浸于光明祥瑞、清净安宁、庄严肃穆的情感之中。[39]西壁画中描绘反映的应是开元、天宝时非常盛行的胡部新声和胡旋舞。[40]有研究者认为："这是当时大型宫廷乐队的真实写照"，并推测这种左右对称构图也流行于长安佛寺壁画的净土变相中。[41]

结　语

佛乐是佛陀教化的殊胜之音，有"供养"、"颂佛"作用，其中蕴含慈悲之情，使人听后动容，起欢喜之心，动善意之念。作为丝绸之路上中西文化交流的重要城市，西安地区遗存了大量的佛教乐舞图像，一方面表明了佛教乐舞在佛教文化中的重要性，另一方面显示了佛教乐舞由最初的外来艺术，在中国深厚的文化土壤中，演变、改进、吸收的融合过程。在为中原地区歌舞音乐输入了富有活力新鲜血液的同时，中国的艺术家逐渐改变着原有艺术原型的权威，使佛教乐舞呈现出鲜明的中国文化特色。散存在这些佛教文物上的乐舞形象传达了当时的文化信息，为西域乐舞东传的历史过程提供了图像资料，成为后世了解佛教文化艺术、了解中国传统艺术思维模式及音乐发展史的一个重要方面。

注释：

[1]　黎蔷：《佛教乐舞的华化》上，《交响》，1994 年第 1 期。

[2]《佛说如幻三摩地无量印法门经》，《大正藏》第 12 册，No.0372，页 0360a。

[3]　支娄迦谶译：《佛说无量清净平等觉经》，《大正藏》第 12 册，No.0361，页 0298c。

[4]《大乘理趣六波罗蜜多经》，《大正藏》第 8 册，No.0261，页 0866b。

[5]《无量寿经》，《大正藏》第 12 册，No.0360，页 0272c。

[6]　慧皎：《高僧传·卷十三》，第 507 页，中华书局，1992 年。

[7]　宋赞宁：《高僧传合集·宋高僧传·卷三十》，第 570~571 页，上海古籍出版社，2011 年。

[8]《般泥洹经》，《大正藏》第 01 册，No.0006，页 0189a。

[9]　鸠摩罗什译：《妙法莲华经·方便品第二》，《大正藏》第 09 册，No.0262，页 0007c。

[10]　陈旸：《乐书》，影印文渊阁《四库全书》本，台湾商务印书馆 1986 年版，第 211 册第 738 页。

[11] 文军 :《鸠摩罗什舍利塔再考察》,《敦煌学辑刊》2014 年第三期。
[12] 鸠摩罗什译 :《佛说阿弥陀经》,《大正藏》第 12 册，No.0366，页 0347a。
[13] 笈多译 :《起世因本经》,《大正藏》第 01 册，No.1762，页 0368b。
[14]《旧唐书》卷二十九，中华书局，1975 年。
[15]《佛说观弥勒菩萨上生兜率天经》,《大正藏》14 册，No.0452，页 0419a。
[16] 鸠摩罗什译 :《阿弥陀经要解》,《大正藏》第 37 册，No.0025，页 0401c。
[17]《法华经知音》,《卍新续藏》第 31 册，No.0608，页 0404c
[18] 赵康民 :《临憧唐庆山寺舍利塔基精室清理记》,《文博》1985 年第 5 期。
[19] 李美霞 :《临潼县博物馆藏北周造像座、唐代造像与经幢》,《文博》1992 年第 2 期。
[20] 王玉清 :《陕西所见的唐代经幢》,《文物》1959 年第 8 期。
[21] 王玉清 :《陕西所见的唐代经幢》,《文物》1959 年第 8 期。
[22] 赵康民 :《临憧唐庆山寺舍利塔基精室清理记》,《文博》1985 年第 5 期;陕西省文物局编 :《西安卷——临潼文物》，陕西旅游出版社，2012 年。
[23] 姜克任、刘炎 :《西安发现的唐代礼佛奏乐图石刻佛座》,《文物》1984 年第 5 期。
[24] 赵峰桐 :《西安唐代礼佛奏乐图石刻佛座内容浅议》,《文物》1985 年第 2 期。
[25] 周伟洲 :《西安地区部分出土文物中所见的唐代乐舞形象》,《文物》1978 年第 3 期 ;《陕西省志・文物志》编纂委员会 :《陕西省志・文物志》，三秦出版社，1995 年。
[26] 李域铮 :《唐乐舞佛座（上）》,《乐器》1985 年第 5 期。
[27] 赵力光、裴建平 :《西安市东郊出土北周佛立像》,《文物》2001 年第 9 期。
[28] 周伟洲 :《西安地区部分出土文物中所见的唐代乐舞形象》,《文物》1978 年第 3 期。
[29]《陕西省志・文物志》编纂委员会 :《陕西省志・文物志》，三秦出版社，1995 年。
[30] 韩生 :《法门寺文物图饰》，文物出版社，2009 年。
[31] 韩生 :《法门寺文物图饰》，文物出版社，2009 年。
[32]《陕西省志・文物志》编纂委员会 :《陕西省志・文物志》，三秦出版社，1995 年。
[33] 日本足立喜六 :《长安史迹研究》，三秦出版社，2003 年。
[34] 日本足立喜六 :《长安史迹研究》，三秦出版社，2003 年。
[35] 周伟洲、丁景泰主编 :《丝绸之路大辞典・碑铭与墓志》，陕西人民出版社，2006 年 ; 路远 :《西安碑林史》，西安出版社，1998 年。
[36] 赵康民 :《临憧唐庆山寺舍利塔基精室清理记》,《文博》1985 年第 5 期。
[37] 杨效俊 :《临潼庆山寺舍利地宫壁画试析》,《文博》2011 年第 3 期。
[38] 田中华 :《唐庆山寺舍利塔精室壁画乐舞初探》,《文博》1988 年第 3 期。
[39] 赵康民 :《临憧唐庆山寺舍利塔基精室清理记》,《文博》1985 年第 5 期。
[40] 田中华 :《唐庆山寺舍利塔精室壁画乐舞初探》,《文博》1988 年第 3 期。
[41] 杨效俊 :《临潼庆山寺舍利地宫壁画试析》,《文博》2011 年第 3 期。

前言

丝绸之路的音乐文化，是一条历史的长河，从涓涓细流到波澜壮阔，其中无数创造者用智慧构成心灵的和声。丝路沿线的音乐文物以其丰富性、连续性和典范性，积淀着中华民族的艺术精神。音乐，成为中西文化交流、民族融合的重要载体，我们从数十年来新疆、甘肃、青海、宁夏、陕西、河南六省区出土的音乐文物中撷取精品，还原一个传承了数千年的丝路音乐的音声世界，以期让更多的观众了解中国古代音乐千古不泯的魅力。

Preface

The musical culture of the Silk Road has a long history. From the delicate to the magnificent genres, numerous creators composed a harmony of the souls with their wisdom. Varieties of ancient musical instruments unearthed from areas along the Silk Road, as good examples with historical continuity, have deposited the art spirit of the Chinese nation. Music has become an important carrier for the Eastern and Western cultural exchanges and national integration. We have handpicked some selected works among the ancient musical instruments unearthed from Xinjiang, Gansu, Qinghai, Ningxia, Shaanxi and Henan in the past decades to restore a world of music which has existed thousands of years along the Silk Road, and we hope we can bring more audience closer to ancient Chinese music and enable them to enjoy its long–lasting glamor.

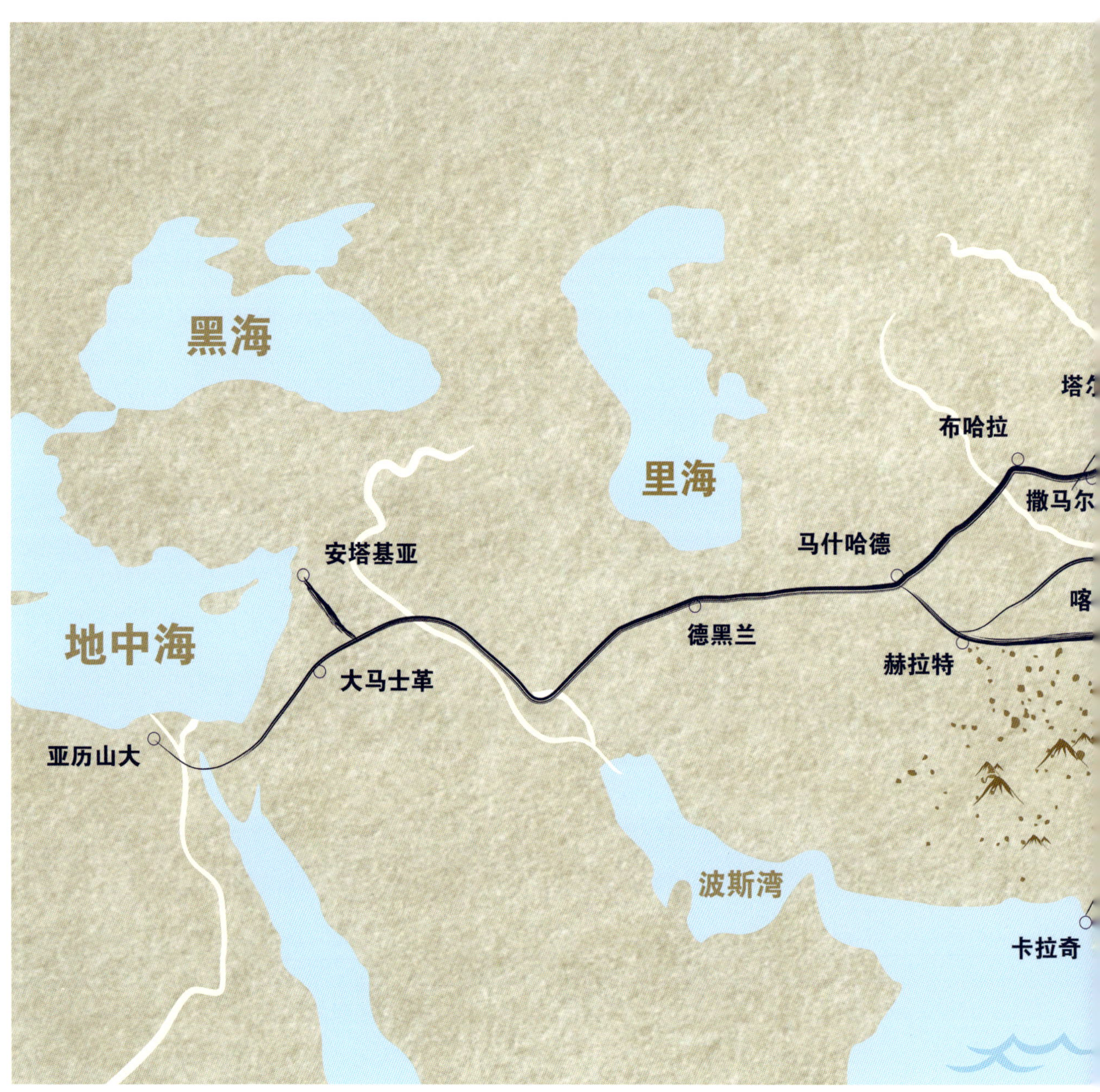

丝绸之路线路示意图

乌鲁木齐
哈密
阿克苏
库车
吐鲁番
喀什
酒泉
张掖
武威
银川
莎车
敦煌
和田
若羌
且末
皮山
西宁
兰州
固原
天水
西安
洛阳

“西域”是古代中国人使用的一个地理概念，泛指玉门关、阳关以西的广大地区，其核心是包括我国新疆在内的中亚地区。丝绸之路开通之前，华夏与西域的先民在长期的社会生活实践中已创造了令人惊叹的音乐文化。华夏地区源自远古的骨笛、陶埙、陶鼓、石磬等吹奏和打击乐器，青铜时代以钟鼓磬瑟为代表的华夏礼乐，以及源自西域的弦鸣乐器，共同构成世界音乐的源头和强音。

The Western Regions was a geographical term used by ancient Chinese people, and generally referred to the vast regions west of Yumen and Yangguan passes. Its core area included Xinjiang of China and other regions in Central Asia. Before the opening of the Silk Road, ancestors of China and the Western Regions had created astonishing musical culture in years of living. The Chinese primitive wind and percussion instruments such as bone flute, pottery xun (an ancient egg-shaped, holed wind instrument), pottery drum and stone chime, the Chinese ritual and musical culture represented by the bell, drum, stone chime and se (a stringed instrument) in the Bronze Age, and the stringed instruments introduced from the Western Regions jointly become the origin and feature the typical sound of the world music.

第一部分 PART I

华夏与西域

丝路之前的音乐文化

China and Western Regions

Musical Culture Before the Formation of the Silk Road

鼓
gǔ
手持鼓槌击鼓

彭
péng
鼓声之标志

磬
qìng
手持槌击悬在绳上的磬

庸
yōng
铙之初字

第一单元

乐音之源

史前的音乐文化

中国的音乐文化源远流长，丝路沿线各区域史前考古中发现的众多音乐文物为中国音乐的起源研究提供了实物见证。距今约8000年前的河南贾湖骨笛、长葛骨哨以及丝路沿线发现的种类不同的陶鼓、陶埙、陶响器、特磬等，显现出华夏音乐形态的初步序列，也使文献所载的“葛天氏之乐”、“伊耆氏之用”、“伏羲氏灼土为埙”等传说，幻化为鲜活而古老的音响世界。

贾湖骨笛
——创造中国古代音乐起源的神话

新石器时代裴李岗文化（距今 9000 ~ 7000 年）
长 23.6、上口径 0.97 ~ 1.05、下口径 1.15 ~ 1.45 厘米
河南舞阳县贾湖出土
河南博物院藏

贾湖骨笛是用鹤类动物的尺骨锯去两端关节钻孔而成，是迄今为止中国发现最早、保存最为完整的管乐器。它的出土，证明了七、八千年之前我们的祖先所具有的音乐水平，被誉为“中华音乐文明之源”。经专家测试，这件七孔骨笛可吹奏出完整下徵调七声音阶，为中国音乐音阶发展及七声音阶起源的研究，提供了翔实的实物资料。

骨笛复原演奏
（演奏者：贺小帅）

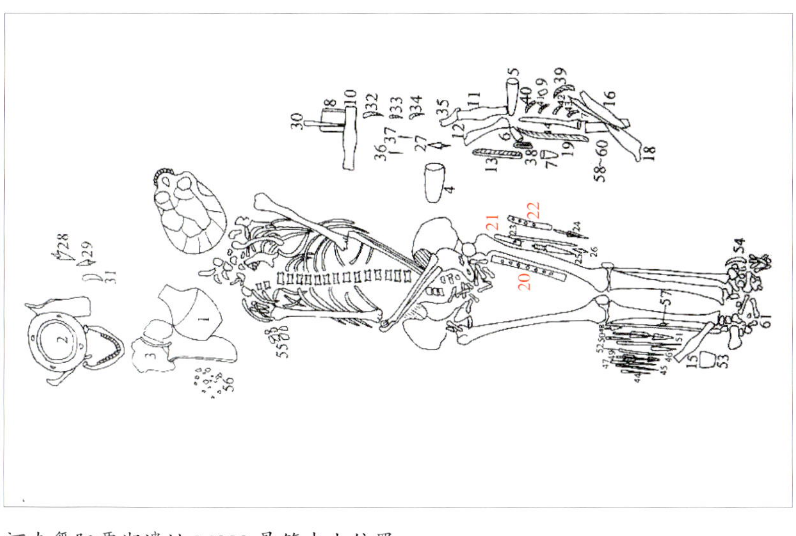

河南舞阳贾湖遗址 M282 骨笛出土位置

骨笛测音简表

M282：20	上(↑)行	下(↓)行
1 孔	a^3–36	a3–47
2 孔	$^{\#}f^3$+3	$^{\#}f^3$+36
3 孔	e^3–44	e^3–20
4 孔	d^3–51	d^3–20
5 孔	c^3–37	c^3+0
6 孔	b^2–60	b^2–47
（小）7 孔	a^2–11	a^2–12
（大）7 孔	$^{\#}g^2$+16	$^{\#}g^2$–18
筒音	$^{\#}f^2$+16	$^{\#}f^2$+16

（摘自《中国音乐文物大系·河南卷》）

骨 哨

新石器时代裴李岗文化（距今 9000 ~ 7000 年）
长 6.8、外径 1.2 ~ 1.3、内径 1.1 ~ 1.2 厘米
河南长葛市石固遗址出土
河南省文物考古研究院藏

骨哨为鸟类肢骨截去两端关节后，取中间管状部分刻削制成。吹孔竖长，为竖刻或磨削而成。

灰陶埙

新石器时代仰韶文化（距今 7000 ～ 5000 年）
高 7.2、口径 0.6、底径 2.5 厘米
河南南召县老坟坡遗址出土
河南博物院藏

埙，是我国古老而原始的吹奏乐器，通常是用陶土捏成鼓腹空心的坯后钻上吹孔和音孔，然后烧制而成。陶埙属周代八音乐器分类中的土类。西晋王嘉《拾遗记》有“伏羲氏丝桑为瑟，灼土为埙，礼乐于是兴矣”的记载。陶埙的音色深沉悠远，是极具中国特色的吹奏乐器。这件埙为灰陶质，手制而成，整体略呈椭圆形，中空，开吹孔一、音孔二，其形制奠定了后世陶埙的基本形态。

红陶埙

新石器时代仰韶文化（距今 7000 ～ 5000 年）
高 5、底径 2.5 厘米
1976 年陕西西安市临潼区姜寨遗址出土
陕西历史博物馆藏

细泥红陶质地，红色不纯正，有灰斑。埙形似蒜头，顶端尖、圆鼓腹、底部平，中空，表面拍印不规则的绳纹。尖端有一小孔，中腹以上有两个高低不等的小孔。这件陶埙器形比较完整，是中国出土早期乐器中不可多得的实物资料。

陶 埙

新石器时代马家窑文化（距今 5000 ~ 4000 年）
长 6.4、宽 4.6 厘米
1995 年青海同德县宗日遗址出土
青海省博物馆藏

泥质红陶。近椭圆形，顶端有一个吹孔，两侧有两个对称的指孔（音孔）。

陶埙复原演奏
（演奏者：贺小帅）

羊形陶哨

新石器时代齐家文化（距今 4400 ~ 3600 年）
长 5、高 3、宽 2、吹孔径 0.4、音孔径 0.5 厘米
1963 年甘肃秦安县兴国镇凤山村堡子坪遗址出土
秦安县博物馆藏

红陶鼓

新石器时代仰韶文化（距今 7000 ~ 5000 年）

高 64、口径 29.7 厘米

河南临汝县大张遗址出土

河南博物院藏

鼓是人类最早发明的乐器之一。有关鼓的传说很多：《尚书·益稷》："下管鼗鼓，合止柷敔……"《礼记·明堂位》载："土鼓蒉桴，苇籥，伊耆氏之乐也。"即伊耆氏有陶土烧制的鼓，以篑为鼓槌敲击。《吕氏春秋·古乐篇》记载尧命质用麋鹿皮蒙在瓦缶的口上，用来敲击。可证实古代的陶鼓是以陶土烧制鼓框，再蒙以动物的皮膜做成。

陶鼓复原演奏

红陶鼓

新石器时代仰韶文化（距今 7000 ~ 5000 年）

高 55.5 厘米

河南郑州市后庄王遗址出土

河南博物院藏

旋纹彩陶鼓

新石器时代马家窑文化（距今 5000 ~ 4000 年）
长 37、小口径 12、大口径 22 厘米
1998 年征集
甘肃省博物馆藏

陶鼓两端各有一耳，为系绳之用，一端略呈罐形口，另一端为喇叭口，口外有六个爪凸，应为固定皮质鼓面用。鼓外部施黑色宽条纹、斜旋纹和锯齿纹，黑白分明，对比强烈，给人以庄重而明快的感觉。这件彩陶鼓是时代较早的打击乐器。

灰陶铃

新石器时代仰韶文化（距今 7000 ~ 5000 年）
高 6.8 厘米
征集
河南博物院藏

陶铃主要形制为筒状铃体，顶部封闭且多开有穿孔，尾端敞口，铃体腔内一般装有铃舌或铃棒，摇晃铃体，铃舌与铃体碰击而发声。有学者认为，陶铃很可能是后世青铜乐器铙、钟的早期形态。

灰陶铃

新石器时代仰韶文化（距今 7000 ~ 5000 年）
高 3.6、孔径 0.7 ~ 0.85、口径 2.2 ~ 3.2、底径 5.2 ~ 6.5 厘米
1974 ~ 1985 年河南郑州市大河村遗址出土
河南博物院藏

陶响器

新石器时代马家窑文化（距今 5000 ～ 4000 年）
高 3.9、底径 6.3 ～ 7.7 厘米
高 6、底径 7.8 ～ 8.8 厘米
1977 ～ 1979 年甘肃临夏东乡县林家遗址出土
甘肃省博物馆藏

响器呈半球形，中空，平底。接近底部处有对称的四孔，内有响子，可摇动发声。

菱形网纹曲柄彩陶铃

新石器时代马家窑文化（距今 5000 ~ 4000 年）
高 9.2、腹径 6.8、底径 3 厘米
甘肃庆阳市野林寺沟出土
甘肃省博物馆藏

器物呈葫芦形，腹部中空，盛有小石子，摇之叮当作响；顶部曲柄，作手握把柄之用。通体施黑彩。柄部绘圆圈、弦线纹，犹如昂头曲颈吐信子的蛇首；腹部绘叶形网纹。陶铃为节奏型乐器，其效果类似现在的沙棰。可以想象，在陶铃激越的节奏下，舞蹈者以粗犷刚劲的舞姿，来表现他们的渴望与憧憬。

彩绘陶响器

新石器时代马家窑文化马厂类型（距今4350～4050年）
高12.1、底径4.6厘米
1956年甘肃兰县糜地岘古墓遗址出土
甘肃省博物馆藏

此件陶响器呈蘑菇状、大头有齿状的箍圈一周，柄部边缘为锯齿形。通体绘平行条纹，把端绘有一“十”字交叉纹。

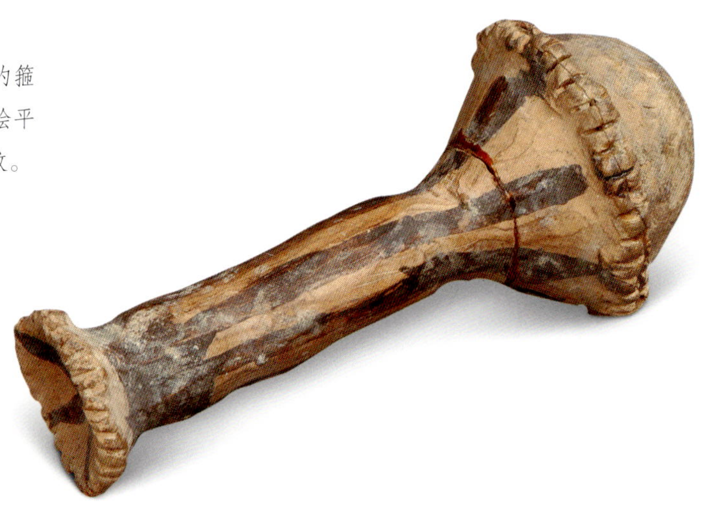

网纹椭球形提梁彩陶铃

新石器时代马家窑文化马厂类型（距今4350～4050年）
高11.4、底径4.8厘米
1956年采集
甘肃省博物馆藏

该铃呈长椭圆形，高提梁、平底。施黑彩，底部为十字钩角图案，铃身绘有五组细网纹。

红陶响铃罐

新石器时代齐家文化（约公元前2000年）
高13、口径8.6、底径4.7厘米
1958年甘肃广河县买家乡盖子坪遗址出土
甘肃省博物馆藏

该罐为泥质红陶，通体无彩。侈口，高领，束颈斜肩折腹，下腹内收，小平底。双口肩大耳，下腹部镂空，内有陶丸。

特　磬

新石器时代龙山文化（距今4500～4000年）
长78、宽28.5、厚4.5～5.5厘米
1983年河南禹州市阎村遗址出土
河南省文物考古研究院藏

关于音乐起源的文献记载和传说

"昔葛天氏之乐，三人操牛尾，投足以歌八阕。"——《吕氏春秋·古乐》

"庖牺作瑟"——《乐书》引《世本》

"伏羲氏灼土为埙"——《西晋王嘉·拾遗记》

"夔曰：戛击鸣球，搏拊琴瑟以咏，祖考来格。"——《尚书·皋陶谟》

"伏羲氏削桐为琴"——《世本·作篇》

"舜弹五弦之琴，歌南风之诗，而治天下。"——《尚书》

"帝喾命有倕作为鼙、鼓、钟、磬、笙、管、埙、篪。"——《吕氏春秋·古乐》

"昔黄帝令伶伦作律，伶伦于大夏之西，乃之阮隃之阴，取竹于嶰溪之谷，以生空窍厚钧者，断两节间，其长三寸九分而吹之，以为黄钟之宫。"——《吕氏春秋·古乐》

巫与舞——作乐歌舞以娱神

民之初生，舞蹈所兴。舞蹈主要是用有节奏的动作表现人之情感，通常以音乐伴奏。舞蹈在原始社会已经产生，先民们用舞蹈庆祝丰收、欢庆胜利、祈求上苍或祭祀祖先，与原始宗教密切相关。丝绸之路沿线发现与出土了大量和原始先民舞蹈相关的图案与形象，如贺兰山、祁连山、呼图壁等地发现的岩画，青海、甘肃等地出土的舞蹈纹彩陶盆和彩陶罐等。这些图案和形象与西部先民们的狩猎和祭祀活动、日常娱乐及原始丧葬文化等有着重要联系。

巫，人神之间的媒介；舞，人神沟通的一种语言。巫、舞成为统一体，是原始社会低下生产力水平下的特殊产物。岩画和彩陶上丰富的舞蹈图像是原始舞与巫礼仪的艺术再现，包含了先民对自然、社会、生活的认知，对天地神灵的崇拜，反映了我国原始先民生活中巫与舞的演变。

舞蹈纹彩陶盆复原展示专题片

“巫，祝也，女能事无形，以舞降神者也。象人两袖舞形。与工同意。”——《说文解字》

“帝俊有子八人，是始为歌舞。”——《山海经·海内经》

甘肃秦安大地湾地画

此地画于1982年在甘肃秦安县五营乡大地湾遗址中发现，由黑色染料画成。画面的上部有两个舞者形象，舞者手中持物，疑为法器或舞饰、飘带之类。下部绘有一黑线长方框，框内画着两只头向左的动物。从图像来看，很可能是一幅祭祀舞蹈图或巫师作法图。

舞蹈纹彩陶盆

新石器时代马家窑文化（距今 5000 ~ 4000 年）
高 12.3、口径 26.4 厘米
青海同德县宗日遗址出土
青海省博物馆藏

泥制红陶，敛口，卷沿，略鼓腹，小平底。黑彩纹饰。在口沿内壁绘有两组手拉手的群舞人体图形，分别为 11 人和 13 人。人物身着圆球形装束，与大通上孙家寨遗址出土的舞蹈纹彩陶盆的人物形象略有不同，但两者的画面都是用简洁明快的构图描绘出原始人群集体舞蹈的场景。

舞蹈纹彩陶盆

新石器时代马家窑文化（距今 5000 ~ 4000 年）
高 14、口径 29、底径 10 厘米
1973 年青海大通县上孙家寨出土
中国国家博物馆藏

陶盆的内沿壁上绘有 5 个手拉手的舞蹈人，以单色平涂来表现他们舞蹈的动态。所绘人物形象均为头侧向一边，两腿却正面稍稍分开，头饰与尾饰分别摆向不同方向，加上相牵的双手，很容易使人感到他们身躯是扭转着的，仿佛正在踏着有节奏的舞步跳舞。这件彩陶盆表达了欢乐的主题，集中反映了五六千年前人们的智慧和生活情趣。

岩画——最早的历史记录

岩画产生于文字未出现之前，是目前发现的人类记录自身历史的最初方式。丝绸之路沿线的宁夏、甘肃、青海、新疆等地分布着大量的岩画，内容丰富、包罗万象，有各类动物、天体、符号、人面像的，也有体现祭祀、巫术等活动的，其中舞蹈场面是岩画中的一个重要题材。

舞蹈图岩画

新石器时代

长 63、宽 35、高 25 厘米

宁夏贺兰山采集

宁夏博物馆藏

岩石上以流畅的线条一上一下刻画着两位舞者的形象。位于画面上方者身体向左侧倾斜，左臂平直舒展，右臂于身侧向回勾，双脚分立，翩然起舞，姿态柔美；下方舞者身体直立，左臂伸直，右臂抬平从肘部向内勾回，宛如拉弓射箭，体态刚健。

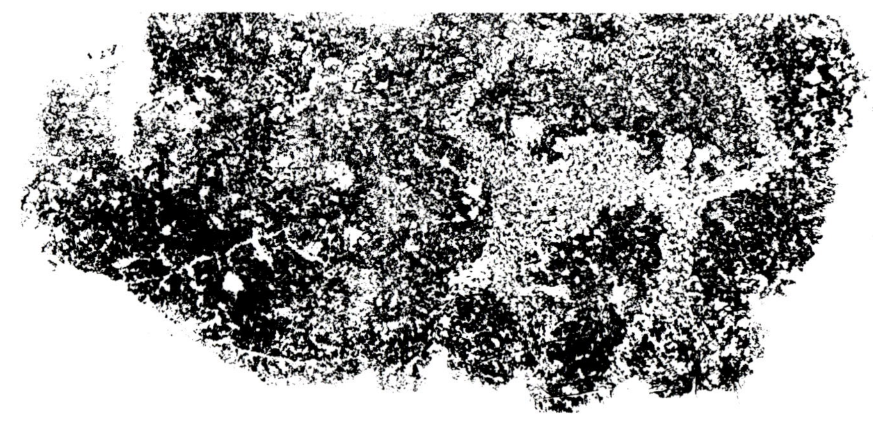

双人舞岩画拓片

新石器时代
纵 18.8、横 66.3 厘米
宁夏博物馆藏

画面右端刻画一左一右二人共舞的形象，左侧舞者头左倾，右臂向左上方弯曲，双腿下蹲分立；另一舞者左臂向上弯曲与其舞伴相呼应，二者挽臂起舞，画面和谐而富于动感。

舞蹈与祭祀岩画拓片

新石器时代
纵 82、横 61 厘米
宁夏博物馆藏

这幅图画以柔美的线条分内、中、外三层刻画了舞者与动物的形象。画面内层为一独舞者，双臂下垂伸展应是祭仪中的主祭；中层有六个人挽臂起舞，每个人头上均有类似光环的弧线，表示了他们具有通神的能力，舞蹈者前面是一个头较大的四足动物，形如一匹健马，似卧似立，动静难辨，应是准备献给神灵的祭品。整幅画面内容丰富，极富动感，再现了古代献牲祭祀的场面。

山西陶寺遗址出土各类乐器

位于山西襄汾的龙山文化晚期陶寺遗址，出土有以鼍（tuó）鼓、特磬、铜铃等组成的礼乐器 26 件。其中鼍鼓和特磬都是迄今所知同类乐器中最早的，而铜铃也是中国已发现的最早的金属乐器。这些乐器的出土，对于揭示 4000 多年前的音乐发展水平，认识音乐与祭祀、埋葬习俗的关系，探索礼乐制度的起源与发展，都具有极其重要的意义。

木鼍鼓

土鼓

铜铃

特磬

“致礼乐之道，举而措之，天下无难矣。”——《礼记·乐记》

第二单元

钟鼓磬瑟

华夏礼乐的形成

以编钟为主奏乐器的上古庙堂雅乐，是中国独特的礼乐文化主体。青铜乐器的发展和使用、乐律的演进和形成、乐队的规模和编制、诗歌的内容与形式，与王朝的更迭、国家的兴衰休戚相关。夏商周时期，黄河中游的华夏音乐被视为王室音乐的源头和传统音乐文化的主流。它以海纳百川、辐射四方的特性，在中国传统音乐的起始、形成、发展过程中，显示出强大的凝聚力和影响力。

带翼铜铃
——金声玉振

夏代（公元前 2070 ～前 1600 年）
通高 9、铣间 9、鼓间 5.7 厘米
河南偃师市二里头文化遗址出土
河南博物院藏

铃体上窄下宽，横断面为合瓦形，一侧有翼，顶有两孔，中间有桥形钮，通体素面。铜铃形制简单质朴，带有早期青铜器的特点，是中国最早出现的有舌青铜乐器。出土时铃体被数层织物包裹。

铜铃

卡约文化（约当公元前 900 ～前 600 年）
长 10.8、直径 6 厘米
青海民和县小旱地墓地出土
青海省博物馆藏

陶埙

约当夏（公元前 2070 ～前 1600 年）

长 6.8、宽 5、厚 3 厘米

长 7.3、宽 5.5、厚 2.7 厘米

长 5.2、宽 4.8、厚 2.8 厘米

长 5.5、宽 4、厚 3 厘米

1976 年甘肃玉门市清泉乡火烧沟遗址出土

甘肃省文物考古研究所藏

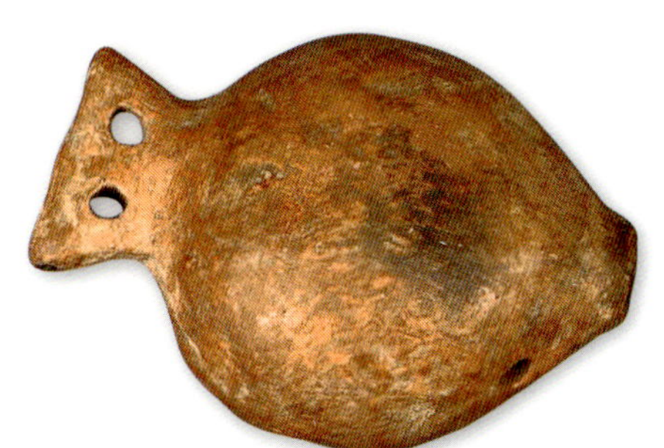

五音孔陶埙

商代（公元前 1600 ～前 1046 年）

高 8.9、腹径 5.1、底径 3.6 厘米

河南洛阳市征集

河南博物院藏

骨排箫出土现场图

骨排箫
——中国最早的排箫实物

商末周初（公元前 1046 年前后）
最长管 32.7、最短管 11.8 厘米
1997 年河南鹿邑县太清宫长子口墓出土
河南博物院藏

此排箫为禽类腿骨所制，由 13 根长短递减的骨管组成，出土时管身留有带子束管的痕迹。长子口墓中共出土四件骨排箫，是迄今发现的中国最早的排箫。

石排箫

春秋（公元前770～前476年）
长15、宽8.3厘米
1978年河南淅川县下寺1号墓出土
河南博物院藏

该排箫略呈三角形，石质，色白。上端齐平，共有13个管孔；下端长短依次递减。中部刻一斜横带，以示用带绑缚之意。管与管之间的壁厚不足0.1厘米，管孔随箫管长度的增加而逐渐变大。除少数管孔残损过甚不能发声外，其余各管均能吹出高低不同的乐音。

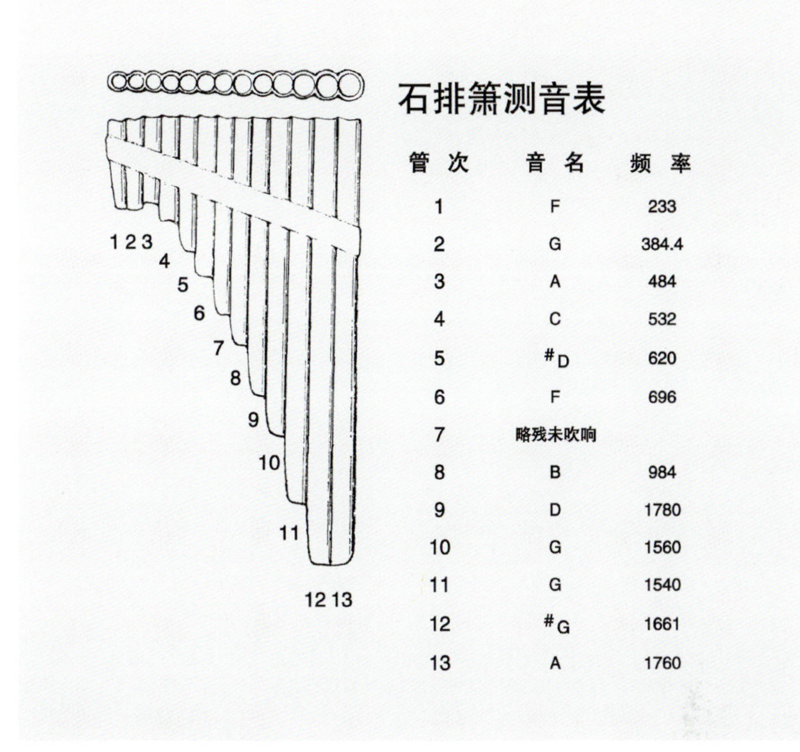

石排箫测音表

管次	音名	频率
1	F	233
2	G	384.4
3	A	484
4	C	532
5	#D	620
6	F	696
7	略残未吹响	
8	B	984
9	D	1780
10	G	1560
11	G	1540
12	#G	1661
13	A	1760

鹿纹骨管

卡约文化（约当公元前 900 ~前 600 年）
长 22、直径 1.5 厘米
青海大通县上孙家寨墓葬出土
青海省博物馆藏

卡约文化是中国西北地区的青铜时代文化，因1923年首先发现于青海省湟中县卡约村而得名，在东起甘青交界处的黄河、湟水两岸，西至青海湖周围，北达祁连山麓，南至阿尼玛卿山以北的广大地区均有分布，居民以从事农业为主。此骨管用动物肢骨制成，表面线刻鹿纹，刀工娴熟简练。

骨笛

卡约文化（约当公元前 900 ~前 600 年）
长 15.5、宽 1.1 厘米
征集
青海省博物馆藏

“回”字纹铜编铙

商代（公元前 1600 ~ 前 1046 年）
高 14.5、铣间 9.5 厘米
高 17、铣间 10.5 厘米
高 20、铣间 13.5 厘米
河南温县小南张村出土
河南博物院藏

该组铜铙共三件，体腔结构为合瓦形，纹饰相同，大小相次。铙于口微曲，两角尖锐，舞部甬与腔体相通。腔体表面铸有回字形凸弦纹。

虢季甬编钟

西周（公元前 1046 ~前 771 年）
高 58.7、铣间 32.5、鼓间 24.8、甬高 19.5 厘米，重 30.1 千克
高 56.6、铣间 31.4、鼓间 23.3、甬高 19.5 厘米，重 30.35 千克
高 56、铣间 31.9、鼓间 22.7、甬高 18 厘米，重 33.1 千克
高 51.7、铣间 29.1、鼓间 20.9、甬高 17.8 厘米，重 27.9 千克
高 38.5、铣间 19.6、鼓间 14.3、甬高 14.5 厘米，重 10.23 千克
高 34.5、铣间 17.3、鼓间 12、甬高 12.7 厘米，重 8.12 千克
高 24.8、铣间 11.8、鼓间 8.85、甬高 10.3 厘米，重 3.1 千克
高 22.7、铣间 11.3、鼓间 8.3、甬高 8.6 厘米，重 2.85 千克
河南三门峡市虢国墓地 2001 号墓出土
河南博物院藏

该组编钟共八枚，由四枚高音钟和四枚低音钟组成，其形制、纹样基本相同，大小依次递减。钟身整体呈合瓦形，舞上有上细下粗的柱状甬，衡平，甬下部有旋与干。钲两侧各铸枚九颗，且用凸起的弦纹为边。旋上饰窃曲纹，舞部、篆间也饰窃曲纹，鼓部饰蟠龙纹，四枚高音钟的鼓部各加饰鸟纹。钲、鼓部有铭文，行数、字数不等。这是迄今我国西周墓葬出土的唯一一套完整的甬编钟。该组钟出土时还带有悬挂甬钟配套的铜钩八枚。

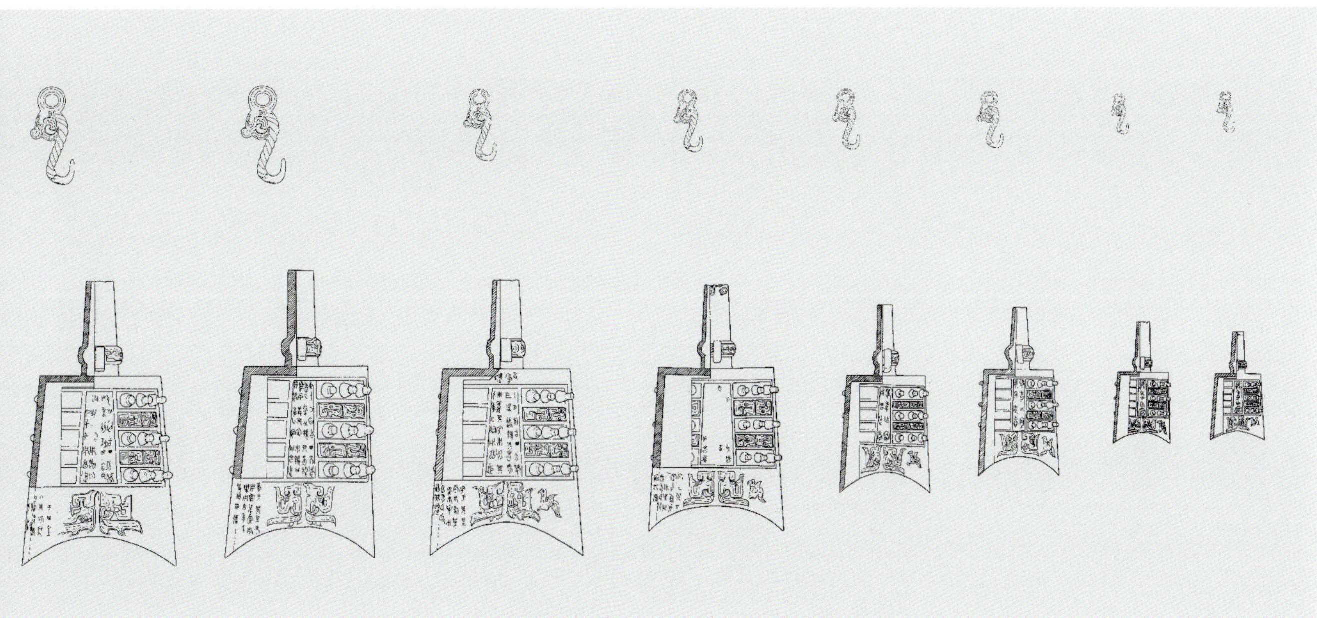

铜甬钟

西周（公元前 1046 ~前 771 年）
高 42.2、宽 25.9 厘米
征集
洛阳博物馆藏

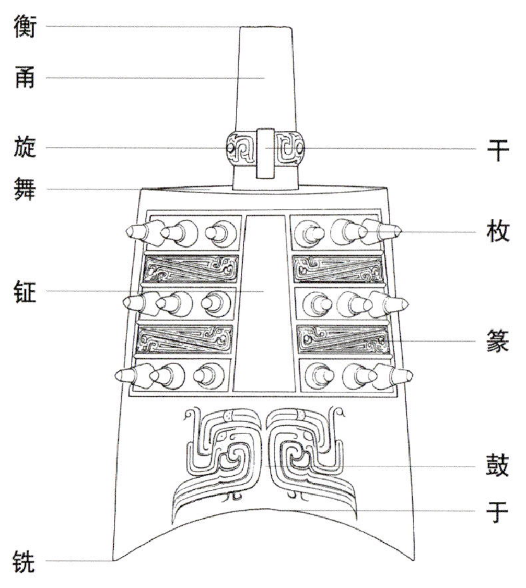

甬钟各部位名称

兽面纹铜编铃

西周（公元前 1046 ～前 771 年）
高 16 ～ 11 厘米
河南三门峡市虢国墓地 2001 号墓出土
河南博物院藏

该组编铃共六件，纹饰相同，大小不一，较大的两件为一对，其余四件小的大小相似。铃体上窄下宽，顶平，中部有一穿孔，上方有方形钮。下部边缘呈弧形，均有内唇。腔体内有锥状铃舌，铃体表面装饰有凸线兽面纹。

河南新郑窖藏乐钟坑出土现场

新郑编钟复原演奏
（演奏者：赵灵芝）

铜编钟
——寻找久已湮灭的“郑声”

春秋（公元前 771 ～前 476 年）
编镈 4 件：高 17 ～ 33.4、铣长 21.2 ～ 26.9 厘米
钮钟 20 件：高 14 ～ 28、铣长 11.1 ～ 23 厘米
1996 年河南新郑市金城路祭祀坑出土
河南博物院藏

1996 年以来，河南新郑陆续出土窖藏编钟十余组共 260 多枚，其钟悬规则均为两套 20 件钮钟和四件镈钟，音域超过三个八度，具备完整的七声音阶结构，音律和谐，音色动听，能够演奏丰富多变的调式和旋律，较之此前的西周礼乐器音阶排列有明显的进步。这批编钟的悬挂、演奏方法为寻觅湮灭已久之“郑声”的乐律特征和风格，提供了难得的实物资料。

黝镈

春秋（公元前 770 ～前 476 年）
通高 26.4、身高 19.3、铣间 16、舞修 14.3 厘米，重 2.25 千克
通高 25.4、身高 18.2、铣间 15、舞修 13.6 厘米，重 2.2 千克
通高 23.6、身高 17.9、铣间 14.5、舞修 12.3 厘米，重 1.8 千克
通高 22.6、身高 17.1、铣间 13.7、舞修 14.3 厘米，重 2.25 千克
通高 20.4、身高 15.8、铣间 13、舞修 11.8 厘米，重 1.54 千克
通高 20.2、身高 15.6、铣间 12.3、舞修 11 厘米，重 1.47 千克
通高 18.6、身高 14.6、铣间 11.5、舞修 10.2 厘米，重 1.23 千克
通高 17.9、身高 13.9、铣间 10.6、舞修 9.6 厘米，重 1.23 千克
河南淅川县下寺 10 号墓出土
河南博物院藏

此组镈钟共八件，形制相同，大小依次递减。镈身为合瓦形，体较长，顶部略小于下部，舞上有两条镂空夔龙组成的钮，篆间有螺旋形枚，每面 18 枚，正反面共 36 枚。在其钲部及左右鼓均铸铭文。

铜钟

沙井文化（公元前 771 ~前 650 年）
高 7 ~ 16 厘米
1980 年甘肃永登县榆树沟沙井文化墓葬出土
甘肃省博物馆藏

沙井文化是中国青铜时代末期的一种文化，最初发现于甘肃民勤沙井，故得名。时代大体相当于中原地区东周时期。

该组铜钟共六件，大小不一，都为合瓦式，平于，平舞，舞上为拱形钮或桥形钮。其中两件的两侧钲部上端各有三角形穿，其余四件一侧鼓部均有对称两条形穿。

王孙诰编钟

春秋（公元前 770 ~前 476 年）
最大高 120.4、舞修 52.3、铣间 59.8 厘米
最小高 23.4、舞修 10.6、铣间 12.3 厘米
1978 年河南淅川县下寺 2 号墓出土
河南博物院藏

该编钟一组 26 枚，其形制相同，大小相次。钟身呈合瓦形，上有八棱体甬，柱状枚。舞部、篆间饰蟠螭纹，鼓部以变形蟠螭纹为饰。钲部与鼓侧部有铭文 113 字，铭文大意是：王孙诰为款待诸侯宾客而作此编钟，以祈康乐。

这套钟宏伟壮观，气势非凡，是目前我国发现的春秋编钟中数量最多、规模最大、音域最宽、音律较准且保存较好的一套乐器。经过测音，它不仅音色美妙、音阶准确，而且高音区七声俱全，多数有半音，可以旋宫转调在四宫以上，说明两千五百多年前我国就有着非常高的音乐水平。

王孙诰编钟复原演奏

虎钮錞于

战国（公元前 475 ~前 221 年）
高 45.9 厘米
陕西安康市出土
陕西历史博物馆藏

该錞于顶部为椭圆形盘状，肩部突鼓，腹部以下成直桶状，足口平直，周身无纹饰，盘内塑一尊张口吐舌、清瘦昂立的长尾虎，虎身及头部有鱼鳞状斑纹。錞于是我国西南地区古代民族常见的一种代表性乐器。形如筒，顶有钮可悬挂，以物击之而鸣，多与鼓配合，用于战争中指挥进退。錞于的铸造始于春秋，衰于东汉，但个别民族直到宋代还有铜鼓与錞于合奏的风俗。錞于使用的历史时间很长，流传地域也较广，然而在汉水流域发现甚少，陕西安康出土的这件虎钮錞于，尤为珍贵。

青铜乐器的分类

名称		形制	线图
铃		形体似钟而小，腔内有铜舌，摇之发声。铃是青铜乐器的原始形态，是中国最早发现的青铜乐器之一。	
铙		又称执钟，一般为阔腔式，柄粗，使用时口朝上，握柄而敲击。其最初功能为军中传播号令之用。	
钟	甬钟	合瓦形结构，因最上面的平面“舞部”之上立有“甬柱”而得名。	
	钮钟	合瓦形钟体，凹弧状于，平舞，舞上置钮以直悬击奏。	
	镈钟	椭圆形或合瓦形器身，平口，有钮，可特悬（单独悬挂）在钟悬上，又称“特钟”。	
钲		其形状与小型钟相似，较钟狭长，可执柄敲击。一般用于行军时。	
铎		像铃而较大，有柄无舌，使用时口部向上，以槌敲击。	
句鑃（gōu diào）		古时吴越地区的一种青铜打击乐器，形状与编钟相似，一般一套由若干件组成。	
錞于		形如圆筒，上部比下部稍大，顶上有钮，钮多作虎形，故常有“虎钮錞于”之称。用于军乐。	

磬——板振动乐器

磬起源于石器时代人们打磨石器的劳动过程中，多由天然石片制成，从新石器时代晚期到战国时期，延续使用三千年，经历了从单纯性节奏乐器向复杂性旋律乐器发展的过程。夏商时期，磬从石器时代表面的粗糙不平、形制天然的单片磬开始演变为制作精美、工艺考究的石磬。到了商代晚期，依石片大小次第排列音序的编磬开始出现。磬的音高与其大小、厚薄有着密切的关系。

特磬

商代（公元前 1600 ～前 1046 年）
长 79、宽 39 厘米
河南安阳市殷墟出土
河南博物院藏

殷墟出土音乐文物复原演出《商颂·玄鸟》

编磬

春秋（公元前 770 ～前 476 年）
最大长 51、宽 12.5、厚 2.7 厘米
最小长 22.5、宽 8.5、厚 1.7 厘米
1954 年河南洛阳市中州大渠出土
洛阳博物馆藏

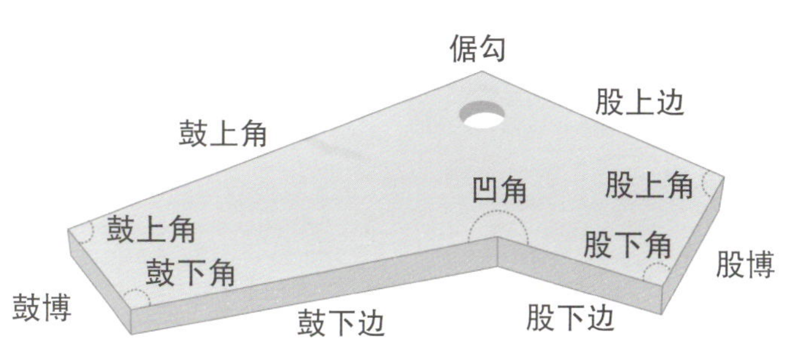

磬的各部位名称

编磬
——投玉敲冰成旋律

战国（公元前 475 ~前 221 年）
股上边 50.5、股博 27，鼓上边 57、鼓博 19.5、孔径 2.2、厚 4.2 厘米
股上边 38.5、股博 16.5，鼓上边 50、鼓博 15、孔径 2、厚 4.3 厘米
股上边 35.5、股博 17.5，鼓上边 45.5、鼓博 15.5、孔径 2、厚 4 厘米
股上边 37、股博 13.5，鼓上边 37、鼓博 13.5、孔径 2.2、厚 4 厘米
股上边 32.5、股博 15，鼓上边 37、鼓博 13.5、孔径 1.7、厚 3.2 厘米
股上边 28.5、股博 14.2，鼓上边 34、鼓博 13、孔径 2.3、厚 4 厘米
股上边 26.3、股博 13，鼓上边 34、鼓博 12.5、孔径 2.3、厚 3.9 厘米
股上边 23.5、股博 15，鼓上边 32.5、鼓博 11.5、孔径 2.3、厚 4 厘米
股上边 22.5、股博 12.5，鼓上边 31、鼓博 11.5、孔径 2、厚 3.5 厘米
股上边 20.5、股博 13，鼓上边 29、鼓博 12.5、孔径 1.8、厚 4 厘米
股上边 18、股博 13.5，鼓上边 24.5、鼓博 10.5、孔径 2、厚 3.7 厘米
股上边 17、股博 10.2，鼓上边 23、鼓博 9.5、孔径 2、厚 3.2 厘米
股上边 16、股博 10，鼓上边 20、鼓博 9.5、孔径 2、厚 2.8 厘米
河南上蔡县郭庄楚墓出土
河南博物院藏

该组石磬共 13 件，磬体打磨光滑、匀称，股鼓分明，底部上凹，且一反石磬以灰色石灰岩所制的惯例，以白色大理石制成，上涂饰有红色的朱砂，为迄今发现的东周形制最大的石磬。

编磬复原演奏
（演奏者：李蕴华）

青铜神兽
——凤舞龙翔骋乐思

春秋（公元前 770 ~前 476 年）
高 46 厘米
1990 年河南淅川县徐家岭楚墓出土
河南博物院藏

这是出土于河南淅川徐家岭九号墓的一对神兽中的一件。主体为龙首、虎身、龟足形象，头上以六条蜿蜒纠绕的小龙构成兽角，背部曲形架上立有一相同形态的龙形奔兽，龙凤纹饰遍布全身，镶嵌有翠绿色孔雀石。而背上与腹下的钮与方形的插孔，说明其应为某种乐器的器架。

瑟（复制品）

战国（公元前 475 ~ 前 221 年）
长 182、宽 47.5 厘米
河南信阳市长台关楚国贵族墓葬出土
河南博物院藏

瑟复原演奏（演奏者：张璇）

> “金石以动之，丝竹以行之，诗以道之，歌以咏之，匏以宣之，瓦以赞之，革木以节之。物得其常曰乐极。”——《国语·周语下》

中国古代的“八音”

根据乐器的不同制作材料，《周礼·春官》中把乐器分为金、石、土、革、丝、木、匏、竹八类，称“八音”。这是中国古代一直沿用的乐器分类方法：

金音——青铜乐钟类：铙、钟、镈、钲、铎、铃、錞于、勾鑃等
石音——编磬、特磬
土音——埙
革音——各类鼓
丝音——琴、瑟
木音——柷、敔、板
匏音——笙、竽
竹音——箫、笛、管、篪（chí）等

第三单元

繁弦妙引

来自西域的乐声

中西音乐文化的交流源远流长。其中，以箜篌为代表的弦鸣乐器最迟在战国时期已从中亚、西亚传入我国的新疆地区。竖箜篌最早起源于美索不达米亚平原，是由狩猎的弓演变而来的，主要以船型共鸣箱为代表性特征，是上古苏美尔人的贡献。早在公元前 3000 年的泥板书上就有对最古老的竖箜篌的文字描述。在公元前 2500 年的乌尔第一王朝王陵中出土了迄今为止最早的箜篌实物。箜篌最早以西亚为中心传播，之后，在印度、埃及、古希腊、波斯等地流传。汉代凿空西域后，音域宽广、音色柔美清澈且独具表现力的箜篌又经西域传入中原，融汇于华夏音乐文化之中。

竖箜篌

公元前 1000 年
通长 76、音箱长 29、宽 8.5 ~ 10、厚 7 ~ 8 厘米
新疆哈密市艾斯克霞尔南墓地出土
新疆维吾尔自治区考古研究所藏

箜篌是古代一种弹拨乐器，源于中亚，经新疆传入中原地区，盛行于汉、唐时期。艾斯克霞尔南墓地共出土竖箜篌三件，是我国目前发现最早的箜篌实物，它们形制相同，均有独特的琴颈结构这一结构特点被研究者认为是新疆箜篌风格上的形态显现，与且末、鄯善地区出土的箜篌具有同源关系，其出土为进一步认知中亚箜篌的地域性特征提供了更为丰富的实物证据。由此也可推断，竖箜篌传入新疆的时间或许更早于此。

"今曲项琵琶、竖头箜篌之徒，并出自西域，非华夏旧器。"——《隋书·音乐志》

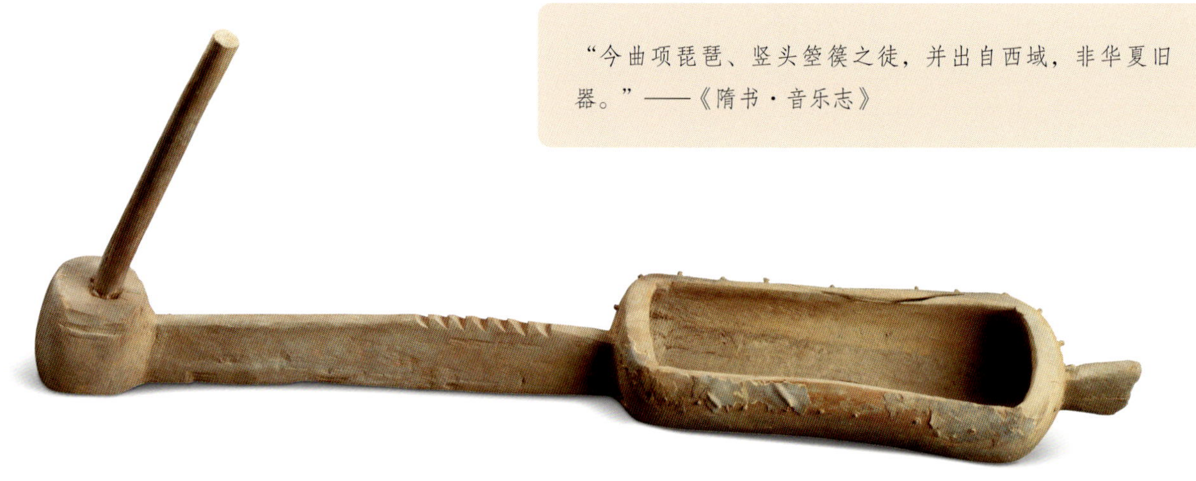

箜篌演变图

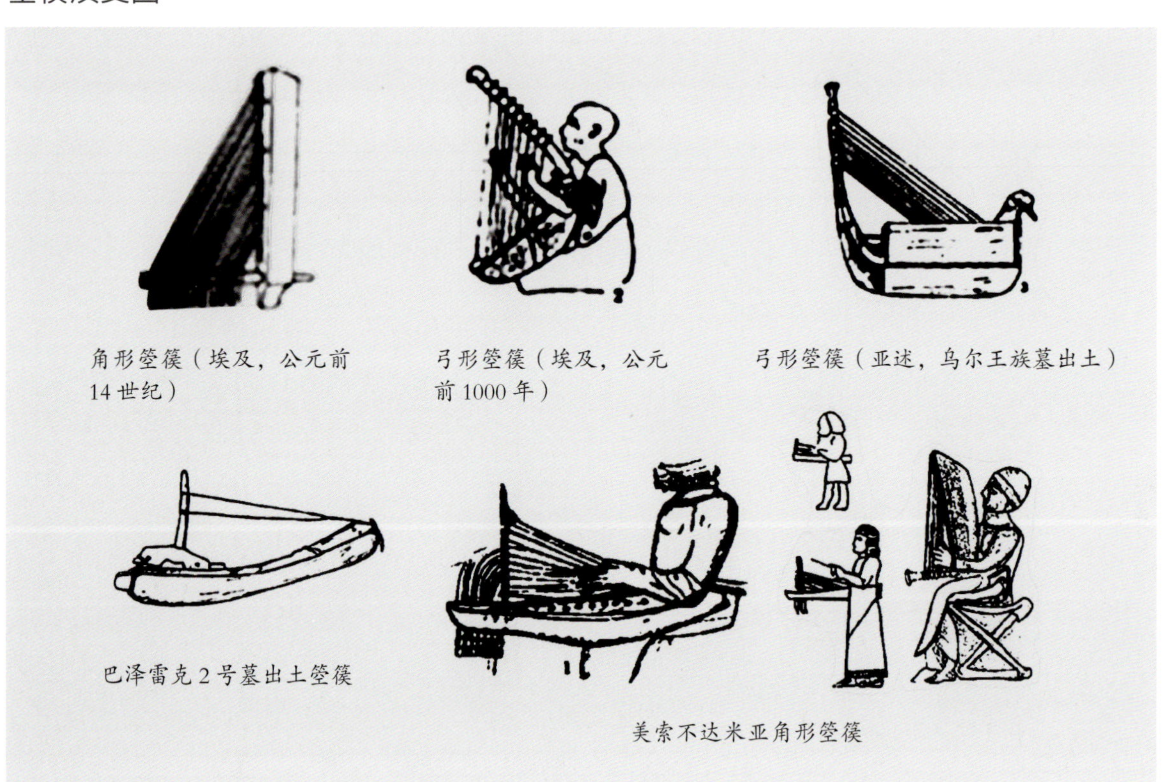

角形箜篌（埃及，公元前 14 世纪）

弓形箜篌（埃及，公元前 1000 年）

弓形箜篌（亚述，乌尔王族墓出土）

巴泽雷克 2 号墓出土箜篌

美索不达米亚角形箜篌

牛头箜篌

牛头箜篌出土于今伊拉克乌尔城址的王陵中，是一种底部设有共鸣箱的开放式弓形箜篌，已经有完备的琴体结构，一般有 11~15 条琴弦，弦系在弓形颈上，每条弦间相互平行，连接至共鸣箱。这类饰有牛头并镶嵌前挡板的箜篌，在早王朝晚期（约公元前 2550 年～前 2400 年）的乌尔王陵的多个墓穴中都有发现。

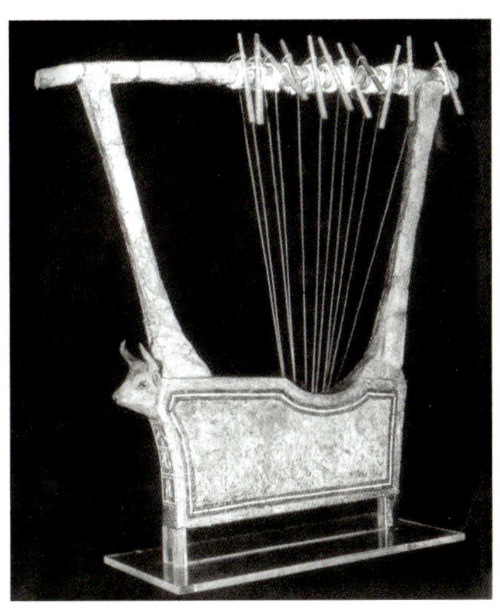

古埃及演奏竖箜篌的乐师形象

古埃及社会中往往以盲人为琴师，可能是由于他们的乐感较常人灵敏。

墓主人听盲人琴师弹竖箜篌

弹竖箜篌的盲乐师

三个女乐师

自汉代张骞凿空西域以来，中原与西域交流日繁。通过使臣、商贸、婚聘、迁居、宗教、战争等各种交往途径，丝路沿线各民族音乐文化在西渐和东传中奔涌交汇。大批身怀绝技的西域艺人相继来到中原，带来了西域的乐器、乐舞。而中原人在不断流迁中也将自己的音乐文化带向异域。这一时期，中原音乐文化大量吸收西域音乐文化精华，为隋唐音乐盛世的出现打下了坚实基础。

Since Zhang Qian reached the Western Regions in the Han Dynasty, the exchanges between Central China and the Western Regions became increasingly frequent. By ways of communication such as sending envoys, trading, marriage, migration, religions and wars, musical culture of different nations along the Silk Road have been introduced to and integrated with each other. A large number of Western Regions artists with superb skills successively came to Central China and brought in their musical instruments, music and dance. Meanwhile, people from Central China introduced their own musical culture to exotic regions during their migration process. In particular, the musical culture of Central China absorbed the quintessence of the Western Regions musical culture and formed a solid foundation for the prime of music in the Sui and Tang dynasties.

第二部分 PART II

凿空与涌流

两汉魏晋南北朝时期的音乐文化

Connection and Introduction

Musical Culture in Western and Eastern Han, Wei, Jin, Southern and Northern Dynasties

“闻之故老云汉遣公主嫁昆弥，念其行道思慕，使工人知音者，裁筝、筑、箜篌之属，作马上之乐。”——晋·傅玄《琵琶赋·序》

“灵帝好胡服、胡帐、胡床、胡坐、胡饭、胡空侯、胡笛、胡舞，京都贵戚皆竞为之。”——《后汉书·五行志一》

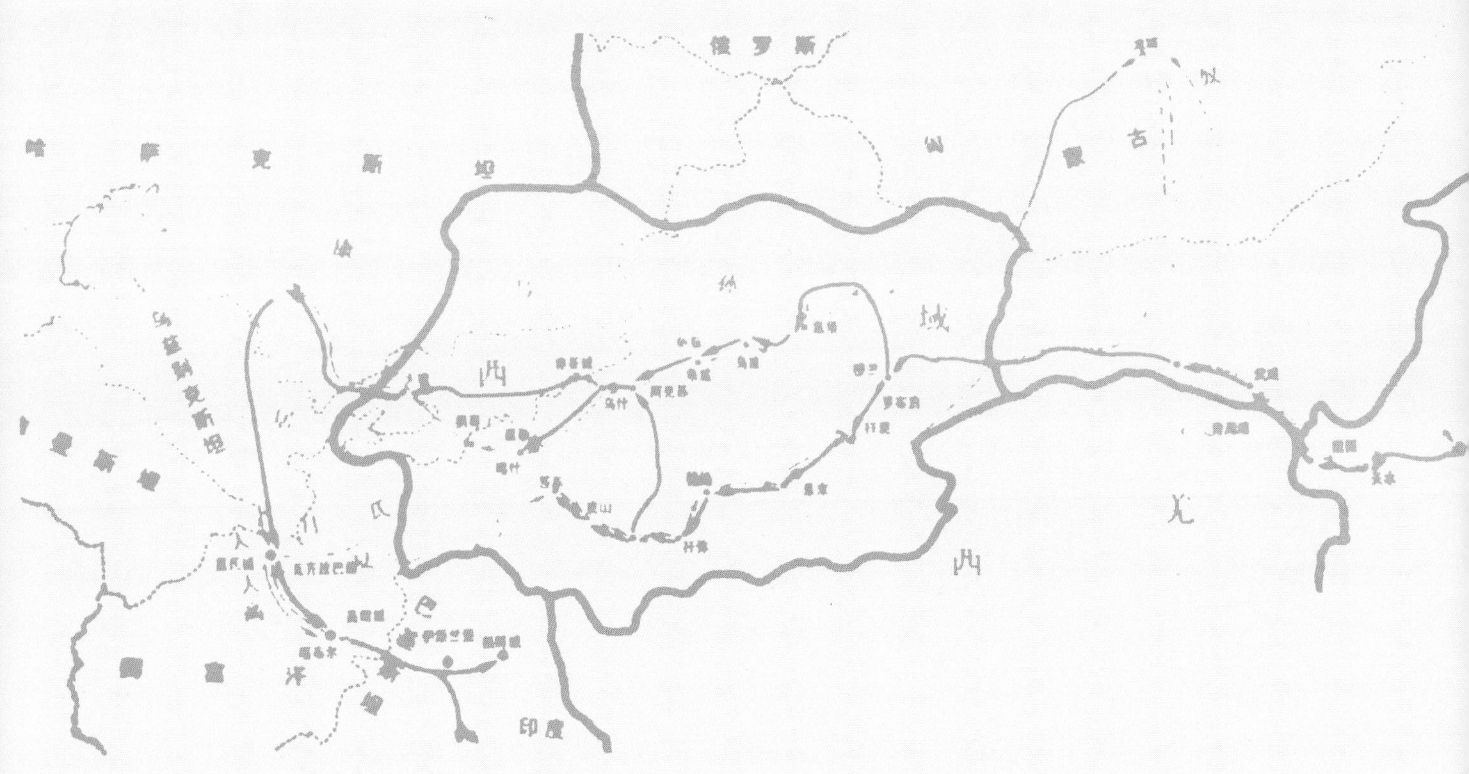

第一单元

东渐与西传

胡汉音乐的双向交流

两汉魏晋时期，中国传统音乐形式由钟磬礼乐转为歌舞伎乐。大量陶制明器和汉画像砖、石记录的形象，印证了中原乐舞百戏融会贯通的能力和高超的表演水平。而外域音乐的涌入，更加丰富了中原的音乐种类、乐器以及音乐理论，呈现出中华民族音乐文化百川汇流的景象。

汉代画像中的华夏音乐与胡人乐舞

汉代画像中的乐舞百戏，是中原农耕社会人们精神生活和艺术追求的重要呈现方式。汉代张骞通西域之后，在中原乐舞图像中首次出现了异域乐人的形象，这是丝路沿线音乐文化交流最初的物质见证。

盘舞画像砖

汉代（公元前 206 ~公元 220 年）
长 39、宽 40、厚 4.7 厘米
河南新野县汉墓出土
河南博物院藏

画像砖正面浮雕盘鼓舞画像，画面中有两舞伎，左边女舞伎上身着长袖衣裙，下身着宽脚长裤，地上置盘与鼓，女伎双脚分立于盘、鼓上，长袖飞舞；右边一男舞伎，上身袒露，一腿跪地，一腿弓步，双手半举。

彩绘陶七盘舞女俑

汉代（公元前 206 ~公元 220 年）
高 12.8 厘米
1972 年河南洛阳市涧西七里河出土
洛阳博物馆藏

女俑头梳高髻，穿长袖舞衣，腰系短裙，着长笼裤，身前倾，双足弓步，双袖一前一后垂置，作舞蹈状。前置六个小盘鼓，左脚踏一盘鼓，势欲前跃。盘鼓舞是汉代著名的舞蹈表演节目，舞者于盘上用双足踏以节拍，所用盘鼓数量不等，随舞者的技术及舞蹈的方式增减。盘鼓舞的形象还大量出现于汉代画像砖石上。

宴饮奏乐画像砖

东汉（25～220年）
长38、宽39、厚4.7厘米
河南新野县汉墓出土
河南博物院藏

画面中三位乐伎跽坐于地，左侧男乐伎鼓颊吹笙，右侧女乐伎双手抚琴，中间女乐伎双手击掌为节。三人前置有一席，席前置一酒樽和三耳杯。两女乐伎头挽发髻，着深衣，长裙逶地，腰身纤细。此画面呈现的应是相和歌的表演形式，中间女乐伎以手击节且歌唱，两边是丝竹乐的伴奏。据汉代画像砖中的相和歌画面可以看出，这种表演形式对演奏人员的人数并没有太严格的要求，可根据演奏的形式和内容随意调节。

相和歌俑

——丝竹相和，畅怀以歌

汉代（公元前206年～公元220年）
高20～32.9厘米
河南济源市泗涧沟汉墓出土
河南博物院藏

这组釉陶乐俑共七人，其中奏乐者四人——击节和声者一、吹埙者一、吹排箫持鼗者二（鼗已失），其余三人伸双手仰面而歌，正是“丝竹相和、执节者歌”的相和歌的演出场景。

乐舞百戏俑群

西汉（公元前 206 ～公元 25 年）

高 6 ～ 16、宽约 10 厘米

河南济源市西窑头出土

济源市博物馆藏

乐舞杂技俑

汉代（公元前 206 ~公元 220 年）
高 10 ~ 14.5 厘米
河南洛阳市烧沟 23 号汉墓出土
河南博物院藏

乐舞百戏是流行于两汉的竞技、杂耍、幻术及乐舞、俳优、动物戏等多种艺术形式的总称。其在对先秦文化承续中，汇融了周边民族的器乐歌舞新风，以吹管与弹拨乐取代了金石之声，不仅改变了乐队的结构，也改变了音乐的旋律风格和表现形式。百戏是中外文化交流、融合的产物。东汉时洛阳成为西域胡人东来的主要流寓地。洛阳出土的舞乐百戏俑群展现了这种将器乐、歌舞、杂技、滑稽戏汇为一体的表演方式，也从一个侧面反映出帝都洛阳繁华奢侈的生活面貌。

彩绘陶俳优俑

汉代（公元前 206 ～公元 220 年）
高 15.9、宽 15、厚 8.5 厘米
1953 年河南洛阳市烧沟汉墓出土
洛阳博物馆藏

俳优在表演中属于逗人发笑的滑稽演员。汉代百戏俑群中的俳优俑多袒胸露背且表情夸张怪异。这件俳优俑，深目高鼻，一独辫总角垂于脑后，是一西域胡人的模样。

彩绘陶俳优俑

汉代（公元前 206 ～公元 220 年）
高 15.9、宽 15、厚 8.5 厘米
1953 年河南洛阳市烧沟汉墓出土
洛阳博物馆藏

彩绘陶吹排箫俑

汉代（公元前 206 ~公元 220 年）
高 8.3 厘米
1954 年河南洛阳市防洪渠二段出土
洛阳博物馆藏

彩绘陶乐舞俑

汉代（公元前 206 ~公元 220 年）
高 20 厘米
1993 年河南洛阳市苗南新村出土
洛阳博物馆藏

彩绘陶樽上倒立杂技俑

汉代（公元前 206 ～公元 220 年）

高 18.5、樽口径 11.6 厘米

1993 年河南洛阳市苗南新村出土

洛阳博物馆藏

杂技俑

汉代（公元前 206 ～公元 220 年）
最高约 7.5 厘米
河南洛阳市烧沟汉墓出土
河南博物院藏

该组俑共五件，姿态各异，他们有的在表演倒立，有的抱膝而坐、有的背负葫芦形或方箕形物而坐，似在表演又似在欣赏他人表演。这些陶俑虽五官不清，但造型生动形象，再现了汉代热烈欢快的百戏杂技场面。

木舞俑

西汉（公元前 206 ~ 公元 25 年）

高 14.5、底宽 4.3 ~ 5 厘米

甘肃武威市磨咀子汉墓出土

甘肃省博物馆藏

木俑以白粉作底（现已脱落），以黑、红彩绘五官和衣服领缘。两件木俑头部均束发作高髻，身着长袖袍服，一臂放于胸前，另一臂向上平伸，头侧转，两两相望，翩翩起舞。工匠以简练的刀法，只雕刻出其大致轮廓，却呈现出一幅形象生动的舞蹈场面。

彩绘木舞俑

西汉（公元前 206 ~ 公元 25 年）

高 16.3 厘米

甘肃武威市磨咀子汉墓出土

甘肃省博物馆藏

木俑全身涂白彩，束发作高髻，身着长袖袍服，身体向一侧微倾斜，一手放于胸前，一手上举，头侧转，做舞蹈状。整件木俑以简洁的刀法雕刻而成，形象生动写实。

陶瑟

西汉（公元前 206 ~公元 25 年）
长 18.7、宽 5.8、厚 2 厘米
长 19、宽 6、厚 2.3 厘米
1979 年陕西西安市北郊红庙坡西汉墓出土
西安博物院藏

瑟是华夏民族的传统弦乐器，在中原考古发现的弦乐器中所占的比重最大。瑟的弦数为 23 ~ 25 不等。《礼记·典礼下》：“士无故不御琴瑟。”两汉贵族墓中均有弹瑟俑出土。

弹瑟俑

汉代（公元前206～公元220年）
高约10厘米
河南淮阳县于庄汉墓出土
河南博物院藏

乳钉纹陶编钟

西汉（公元前 206 ~公元 25 年）

高 17、宽 11.5 厘米

高 15.5、宽 10.5 厘米

1979 年陕西西安市北郊红庙坡西汉墓出土

西安博物院藏

陶编磬

西汉（公元前 206 ～公元 25 年）

长 34、宽 11 厘米

长 36、宽 10.5 厘米

1979 年陕西西安市北郊红庙坡西汉墓出土

西安博物院藏

彩绘木乐俑

汉代（公元前 206 ～公元 220 年）

高 14.9 ～ 17.7、宽 5 ～ 6、厚 6 ～ 8.9 厘米

征集

青海省博物馆藏

灰陶吹奏俑

汉代（公元前 206 ～公元 220 年）

高 26.7 厘米

1995 年征集

甘肃省博物馆藏

河南南阳汉画像中的胡人画像

胡人守门图

胡人行贾图

胡汉战争画像砖中的胡人

“自葱岭已西，至于大秦，百国千城，莫不欢附，商胡贩客，日奔塞下，所谓尽天地之区已乐中国土风，因而宅者，不可胜数！”——《洛阳伽蓝记》卷三

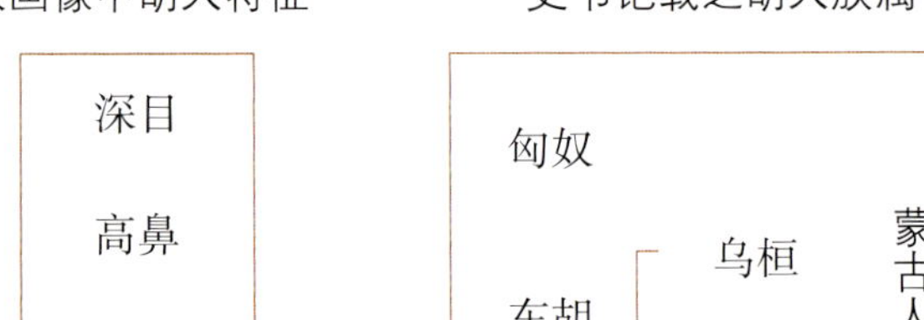

胡人舞蹈画像砖

汉代（公元前 206 ~ 公元 220 年）

长 19 ~ 20、宽 18 ~ 20、厚 18 厘米

河南西华县出土

河南博物院藏

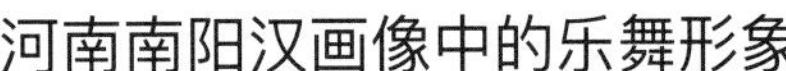

河南南阳汉画像中的乐舞形象

（局部）

宫阙人物空心砖

汉代（公元前 206 ～公元 220 年）
长 105、宽 47、厚 15 厘米
1963 年河南郑州市出土
河南博物院藏

该砖两面上半部第四层均为应鞞鼓之声舒长袖翩翩起舞的场面，尤为生动，使人耳目一新。

彩绘百花多枝灯

汉代（公元前 206 ～公元 220 年）
高 64、底径 33 厘米
1969 年河南洛阳市涧西区黄冶油库采集
洛阳博物馆藏

灯由三部分组成，共分四层。顶层为单盏柱灯，灯上有四支曲枝灯盏。二、三层为托盘，盘上各饰四条飞龙和四盏花形灯。最下层为灯座，上有三层饰物，其中有两人，其余皆为动物，并有五个蹄形镂孔。陶灯构筑复杂、装饰华丽，飞龙、人物及各种动物造型形象生动。

水榭楼台乐舞俑

汉代（公元前 206 ～公元 220 年）
长 38、宽 36、高 130 厘米
河南灵宝市张湾 3 号汉墓出土
河南博物院藏

绿釉三层陶戏楼

东汉（25 ~ 220 年）
高 65、长 31、宽 21 厘米
河南西平县寺后张村出土
河南博物院藏

绘彩人物舞蹈陶仓楼

汉代（公元前 206 ~公元 220 年）
高 78.2、长 72、宽 25.5 厘米
1958 年河南荥阳市出土
河南博物院藏

该仓楼为悬山顶，中部设镂孔卧栏，正面与左右檐下有斗拱九朵，开设五洞窗，下部正面绘彩色舞蹈人物图，后壁绘斗鸡图。

蓝地人首马身纹毛布

公元 1 ~ 2 世纪
长 120、宽 48.2 厘米
1984 年新疆洛普山普拉 1 号墓出土
新疆维吾尔自治区博物馆

原为一大型壁挂的局部，后被裁剪成一条裤子，两裤腿已分离。图案上部为蓝色地，其由四瓣花组成的菱格内织有人首马身的“马人”。马人双手持一长管乐器做吹奏状，身上所披兽皮向后飘扬。下部为红色地，织有手持长矛的武士形象，武士深目、高鼻、厚唇，黑发曲卷垂肩，身着饰花带的红长衣。

梳镜袋

汉代（公元前 206 ～公元 220 年）
长 20.5、宽 10.5 厘米
1984 年新疆和田洛浦县山普拉墓葬出土
新疆维吾尔自治区博物馆藏

眉石、眉笔

汉代（公元前 206 ～公元 220 年）
笔：长 7.5、直径 0.7 厘米
眉石：长 3.1、宽 2.5 厘米
1984 年新疆和田洛浦县山普拉墓群出土
新疆维吾尔自治区博物馆藏

西凉乐——魏晋时期中原与西域的音乐交融

晋末动乱，中原凋敝，“汉魏旧曲散佚殆尽”。而河西凉州地区具有浓厚中原文化底蕴，在张轨父子统治下，社会秩序相对稳定，随着“中州避难来者日月相继”、“太常乐工避难至河西”，汉魏旧乐也流传至河西一带，西凉乐就此产生。它以魏晋时期的中原音乐——即所谓的“汉魏旧乐”——为主体，又广泛吸收了当时西域、中亚和我国北方少数民族音乐艺术，形成了自己的风格，经过近三百年的发展，终于在隋唐时期成为宫廷十部乐中重要的一部。

魏晋时期的文人音乐

曹魏正始年间（240～249年），嵇康、阮籍、山涛、向秀、刘伶、王戎及阮咸七人，常聚于山阳县（今河南辉县、修武一带）竹林之中喝酒、纵歌，肆意酣畅。他们才华横溢，不满当时虚伪名教和黑暗现实，在文学和音乐中追求真实情感和个性解放，世谓“竹林七贤”。阮咸与嵇康是当时中原文人音乐的代表人物。

江苏南京市西善桥“竹林七贤”砖刻壁画

嵇康与古琴

嵇康，三国曹魏时著名思想家、音乐家、文学家。正始末年与阮籍等竹林名士共倡玄学新风，为“竹林七贤”的精神领袖。39岁时为人构陷而被司马昭处死。嵇康作为魏晋一代奇才，在音乐上为后人留下了宝贵财富。

古琴一直是中国古代文人修身养性、娱情抒心的人格象征。嵇康的《琴赋》、《声无哀乐论》，充满了对音乐的真知灼见。古琴曲《广陵散》为嵇康东市临刑时慨然弹奏的琴曲。

阮咸与阮的发明

阮咸是三国至西晋时期的文学家、音乐家，阮籍的侄子，“竹林七贤” 之一。生平放浪不羁，精通音律，擅造乐器。阮为中国古老的弹拨乐器，原为秦汉琵琶，据载，汉武帝将公主嫁与西域乌孙王，恐她途远思乡，特令工匠参考琴、筝、筑、箜篌等乐器创制了一种便于携带、状似满月的乐器供其解闷。人们常用 “揽月入怀” 来形容其弹奏。阮咸擅弹此种琵琶，并在其基础上改造演奏，后世便将其称为阮咸，简称阮。以人名来为乐器命名，在中外音乐史上仅此一例。

奏乐图画像砖

魏晋时期（220 ~ 420 年）
长 31.5、宽 16、厚 6 厘米
1995 年甘肃敦煌市祁家湾出土
甘肃省文物考古研究所藏

伯牙抚琴图画像砖

魏晋时期（220 ~ 420 年）
长 31.5、宽 15.5、厚 6.5 厘米
1995 年甘肃敦煌市祁家湾出土
甘肃省文物考古研究所藏

奏乐图画像砖

魏晋时期（220 ~ 420 年）
长 31.5、宽 15.5、厚 6.5 厘米
1993 年甘肃酒泉市果园乡出土
甘肃省文物考古研究所藏

甘肃嘉峪关出土画像砖上的奏乐图

此组画像砖描绘的是乐师和乐的场景。根据《旧唐书·音乐志》记载，西凉乐即是“凉人所传中国（此指中原）旧乐，而杂以羌胡之声也”，两幅画面中乐师和乐所使用的乐器分别为卧箜篌与竖箜篌、阮咸与竖笛，正是中原与西域乐器相谐和乐的表现。

甘肃酒泉市丁家闸壁画墓中的燕居行乐图

文献记载西凉乐的乐器组合：钟一架、磬一架、弹筝一、搊筝一、卧箜篌一、竖箜篌一、琵琶一、五弦琵琶一、笙一、箫一、筚篥一、小筚篥一、笛一、横笛一、腰鼓一、齐鼓一、擔鼓、铜拔一、贝一。

卧箜篌与韩国玄琴

卧箜篌是一种历史悠久的汉族弦鸣弹拨乐器，其形制类似于古老的弦鸣乐器琴、筝、瑟，所不同的是其琴体上具有数弦通用的通品装置。汉代卧箜篌被作为“华夏正声”的代表乐器列入清商乐中，南北朝至唐时期向东北传入当时的高句丽。经过历代的流传和改进成为今日的玄琴。

弹卧箜篌俑　三国　湖北鄂州七里界出土

韩国玄琴演奏

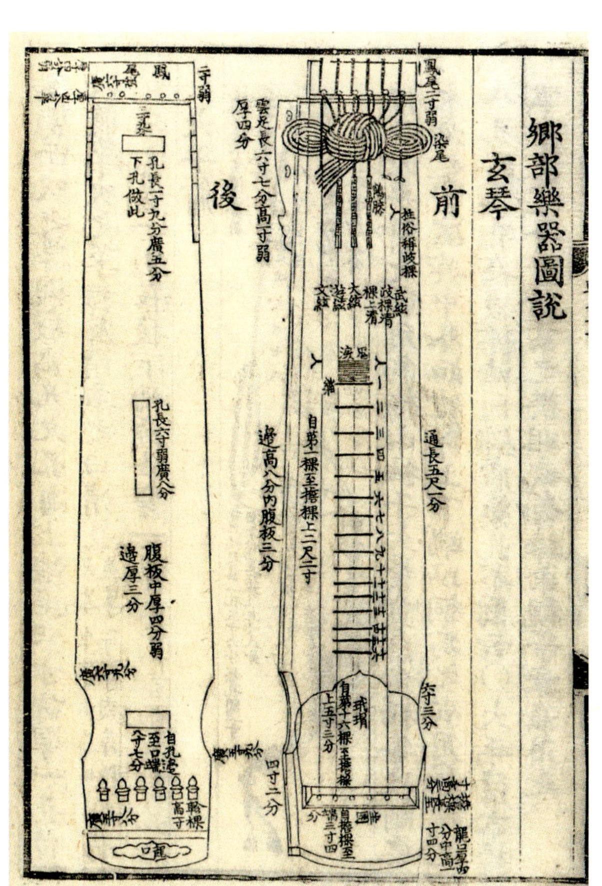

韩国《乐学轨范》一书所载玄琴制式

韩国玄琴

第二单元

多元交融

南北朝时期的丝路多民族音乐

十六国和南北朝时期，随着中原周边民族的内迁，鲜卑、龟兹、疏勒、西凉、高昌等西北少数民族音乐及天竺、安国、康国、高丽、悦般等外域音乐陆续传到中原地区，与中原传统因素产生了碰撞与融合。中原音乐在继承秦汉传统的基础上将这些外来因素不断本土化，开启了丰富绚丽的隋唐音乐。

彩绘陶乐俑

北魏（386 ~ 534 年）
长 9.8、宽 7.5、高 13.3 厘米
长 9.8、宽 7.3、高 13.4 厘米
长 8.6、宽 7.3、高 13.4 厘米
长 10、宽 7.3、高 13.7 厘米
长 9.3、宽 9.6、高 13.8 厘米
长 8.9、宽 7.2、高 13.9 厘米
长 8.5、宽 7.8、高 14 厘米
长 8.5、宽 7.8、高 14 厘米
河南洛阳市杨机墓出土
洛阳博物馆藏

木舞俑

南北朝（420 ~ 589 年）
高 23.9、宽 8.8、厚 5.4 厘米
征集
青海省博物馆藏

载阮骆驼

北朝（386 ~ 581 年）
长 19、高 20 厘米
征集
陕西历史博物馆藏

彩绘女坐俑

北魏（386 ~ 534 年）
高 26.5 厘米
移交
西安博物院藏

粉彩吹箫俑

北朝（386 ~ 581 年）
高 22.5、宽 12.8 厘米
移交
西安博物院藏

彩绘陶骑马击乐俑

北魏（386 ~ 534 年）
高 24 厘米
1965 年河南洛阳市北魏元邵墓出土
洛阳博物馆藏

马站立于长方形底板之上，头饰辔头，背饰障泥与鞦系。人俑骑于马上，头戴笼冠，身着左衽宽袖衫，下着缚裤，右手扶乐管，左手做敲击状，通体施红色彩绘。

彩绘陶骑马击鼓俑

北魏（386 ~ 534 年）
高 23.9 厘米
1965 年河南洛阳市北魏元邵墓出土
洛阳博物馆藏

马站立于长方形底板之上，头饰辔头，背饰障泥与鞦系。人俑骑于马上，头戴笼冠，身着左衽宽袖衫，下着缚裤，右手提一鼓，左手做击鼓状。马为红色，俑为灰色。

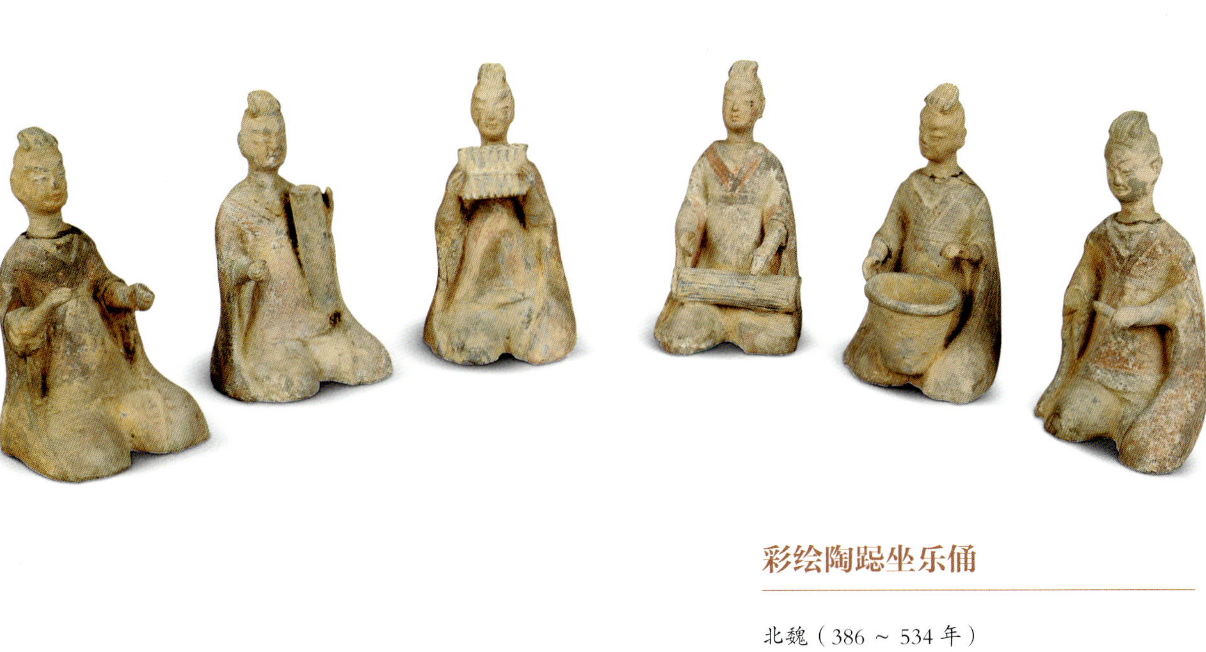

彩绘陶跽坐乐俑

北魏（386 ~ 534 年）
高约 13 厘米
1965 年河南洛阳市北魏元邵墓出土
洛阳博物馆藏

俑均头戴小冠，身着右衽无领宽袖长衫，束腰，双腿跽坐，作击缶、拍击、吹箫、抚筝等状。通体施红色彩绘。

彩绘陶女舞俑

北魏（386 ~ 534 年）
高 15.4 厘米
1965 年河南洛阳市北魏元邵墓出土
洛阳博物馆藏

俑盘髻，身着右衽窄袖短衫，下着百褶长裙，双手搭在右膝上作起舞状。

山西司马金龙墓中出土的伎乐形象

山西大同司马金龙墓，发掘于 1966 年，系北魏太和八年（484 年）琅琊王司马金龙与其妻姬辰的合葬墓。墓中出土了乐伎雕刻（包括陶乐俑）32 具，尚存乐器 16 件，计 12 种。其中石棺床的横侧壁石板上雕刻伎乐童子 13 人，中间一人为舞者，其余伎乐童子所持乐器有琵琶、曲颈琵琶、排箫、横笛、钹、鼓等；墓后室甬道中出土四件石雕柱础，其上浮雕有伎乐童子为装饰，作击鼓、吹筚篥、弹琵琶、舞蹈状，形象生动，完好的有八个，其余已残损。这些伎乐舞蹈形象，是鲜卑人乐舞的生动表现。

司马金龙墓出土的石雕伎乐柱础

司马金龙墓石棺床上雕刻的伎乐图

彩绘击鼓俑一组

北齐（550 ~ 577 年）
俑：高 23.2 厘米
鼓：径 5.5、厚 2.6 厘米
1971 年河南安阳市范粹墓出土
河南博物院藏

胡腾儿

唐·李端

胡腾身是凉州儿，肌肤如玉鼻如锥。
桐布轻衫前后卷，葡萄长带一边垂。
帐前跪作本音语，拈襟摆袖为君舞。
安西旧牧收泪看，洛下词人抄曲与。
扬眉动目踏花毡，红汗交流珠帽偏。
醉却东倾又西倒，双靴柔弱满灯前。
环行急蹴皆应节，反手叉腰如却月。
丝桐忽奏一曲终，呜呜画角城头发。
胡腾儿，胡腾儿，家乡路断知不知？

黄釉扁壶
——西域舞蹈的传入

北齐武平六年（575 年）
高 20、宽 16.5、口径 5.1 厘米
1971 年河南安阳市范粹墓出土
河南博物院藏

该件扁壶壶身形态似于游牧民族马背皮囊。壶两面饰有相同的胡腾舞图案，中一人起舞于莲座，双足腾跳、回首反顾，左二人吹笛、打拍，右二人击钹、弹琵琶。五人均高鼻深目，窄袖长衣，足着靴，为西域人之形象，说明胡腾舞在北朝时已经风靡。

胡腾舞复原演出

褐绿釉胡人乐舞扁壶

北朝（386 ~ 581 年）
高 13.2、口径 4、底径 5.8 厘米
1984 年河南洛阳市孟津平乐采集
洛阳博物馆藏

黄褐釉乐舞扁壶

北齐（550 ~ 577 年）
高 18、口径 3.8、底径 7.5 厘米
河南洛阳市出土
洛阳博物馆藏

壶呈扁圆体，直口细颈，颈下缘饰一周联珠纹，平底，肩部有两小耳可穿孔，通体施黄褐釉，这样的器形源自草原游牧民族方便携带的饮器——囊。壶腹饰胡人乐舞图，中间一男子在莲座上起舞，左侧一人弹琵琶、一人持铙钹，右侧一人打节拍，一人吹横笛。此扁壶与安阳范粹墓出土乐舞扁壶图案相同。

骨笛

公元 5 ~ 6 世纪
残长 10.5、直径 1.7 厘米
新疆巴楚县脱库孜萨来遗址出土
新疆维吾尔自治区博物馆藏

笛呈圆管形，用老鹰的翅骨制成，一侧开有三个圆形音孔。笛子是西域音乐体系中的一种重要而常见的乐器，在石窟壁画中亦多有反映。

乐舞出行画像砖

南朝（420 ~ 580 年）
高 19、宽 38 厘米
河南邓州学庄南朝墓出土
中国国家博物馆藏

鼓角横吹画像砖

南朝（420 ~ 580 年）
高 19、宽 38 厘米
河南邓州学庄南朝墓出土
中国国家博物馆藏

画面上共有四人，前两人双手执弯形长角，长角的一端放在嘴里吹奏，另一端系有飘带，迎风招展。后两人右手拿鼓槌，左手拿鼗（táo）鼓（即拨浪鼓）。四人均穿绔褶服，头戴卷荷帽，帽顶饰有璎珞。四人边走边演奏，表现的是南朝士族出行时的奢华场面。

吹笙引凤画像砖

南朝（420 ~ 580 年）
高 19、宽 38 厘米
河南邓州学庄南朝墓出土
河南博物院藏

该画像砖为模印而成，画面所反映的内容为“吹笙引凤”。其中左边吹笙的人物应为王子乔，中间是一只衔灵芝仙草的凤鸟，右边站着披发持麈尾的应是浮丘公。相传王子乔是周灵王之子，喜好吹笙作凤鸟鸣，引来凤鸟起舞。他游历于伊水、洛水一代，被道士浮丘公引至高山修炼成仙。

商山四皓画像砖

南朝（420 ~ 580 年）
高 19、宽 38 厘米
河南邓州学庄南朝墓出土
河南博物院藏

该画像砖画面所示层峦叠翠、草木葱茂、凤鸟高翔、景色优美，左侧书“南（商）山四皓”四字，整幅画布局严谨、线条流畅、浮雕精致。画面中四位老者皆长发披肩，身着宽领交襟长衣，下着短裤，赤足席地，列坐于林。他们一人抚琴、一人吹笙、一人跽坐观长卷、一人依坐山石旁似在昂首高歌，尽显隐而不仕、潇洒飘逸的名士之风。“商山四皓”又被称为“南山四皓”，典故出自《史记》，指的是秦末汉初时德高望重的四位名士——东园公、甪里先生、绮里季、夏黄公。他们皆是白眉须发的八十老翁，为避战乱隐居商山，不问世事。后人用来泛指那些有名望的隐士。

商山四皓复原演出

南北朝时活动于中原的西域音乐家简表

古国名	氏名	年代	特技	官职
龟兹	苏祇婆	北周武帝	乐理、琵琶	
	白智通（羯人）	北周武帝		
曹国	曹婆罗门	北魏	五弦琵琶	
	曹僧奴	北魏 / 北齐	五弦琵琶	开府、封王
	曹妙达	北齐 / 隋	五弦琵琶	开府、封王
	曹昭仪	北齐	五弦琵琶	昭仪
安国	安马驹	北齐		开府、封王
	安未弱	北齐		开府
康国	康阿马太	北齐	胡小儿	开府
何国	何海	南北朝	胡小儿	开府、封王
	何洪珍	南北朝	胡小儿	开府、封王
史国	史丑多	北齐	歌、舞	开府
穆国	穆叔儿	北齐	胡小儿	
汉姓西域人	王长通	北齐—唐初	胡小儿	通州刺史
	沈过儿	北齐	胡小儿	开府

《隋书·音乐志》记载南北朝时期外来乐舞使用乐器一览表

乐种	所用乐器			
天竺乐	凤首箜篌 / 琵琶 / 五弦	毛员鼓 / 都昙鼓 / 铜鼓	铜拔（钹）/ 贝	笛
龟兹乐	竖箜篌 / 琵琶 / 五弦	毛员鼓 / 都昙鼓 / 腰鼓 / 羯鼓 /鸡娄鼓 / 答腊鼓	铜拔（钹）/ 贝	笙 / 笛 / 箫 / 筚篥
西凉乐	卧箜篌 / 竖箜篌 / 琵琶 / 五弦	腰鼓 / 齐鼓 / 擔鼓	铜拔（钹）/ 贝	笙 / 箫 / 大筚篥 / 长笛 / 小筚篥 / 横笛 / 钟 / 磬 / 弹筝 / 搊筝
疏勒乐	竖箜篌 / 琵琶 / 五弦	腰鼓 / 羯鼓 / 鸡娄鼓 / 答腊鼓		笛 / 箫 / 筚篥
安国乐	箜篌 / 琵琶 / 五弦	正鼓 / 和鼓	铜拔（钹）	笛 / 箫 / 筚篥 / 双筚篥
高丽乐	卧箜篌 / 竖箜篌 / 琵琶 / 五弦	腰鼓 / 齐鼓 / 擔鼓	贝	笛 / 笙 / 箫 / 小筚篥 / 桃皮筚篥 / 弹筝
安国乐		正鼓 / 加鼓	铜拔（钹）	笛

进入中原的粟特人

粟特位于泽拉夫善河流域。粟特人是一个以经商著称的民族，在南北朝到唐这一时期，沿丝绸之路及周边的于阗、楼兰、高昌、敦煌、武威、长安、洛阳等大小城市，形成了一个个粟特移民聚落。粟特民族在舞蹈、器乐、音阶调式、音乐理论等方面具有较高的艺术成就，更有大批的粟特乐人舞伎东来华土，他们或擅长于歌舞，或精妙于器乐，为东、西方音乐文明搭起了一座交融的桥梁。

昭武九姓，是南北朝、隋、唐时对从中亚粟特地区来到中原的粟特人或其后裔所创的十多个小国的泛称，其王均以昭武为姓。以康、史、安、曹、石、米、何、火寻和戊地国为代表的昭武九姓，处于古丝绸之路沿线，世代经商，在东西方文化交流方面起了重要作用。袄教、摩尼教、中亚音乐、舞蹈、历法之传入中原，中国丝绸、造纸技术传到西方，昭武九姓起到了重要的媒介作用。近些年来，不断有与粟特人相关的音乐文物出土。

昭武九姓

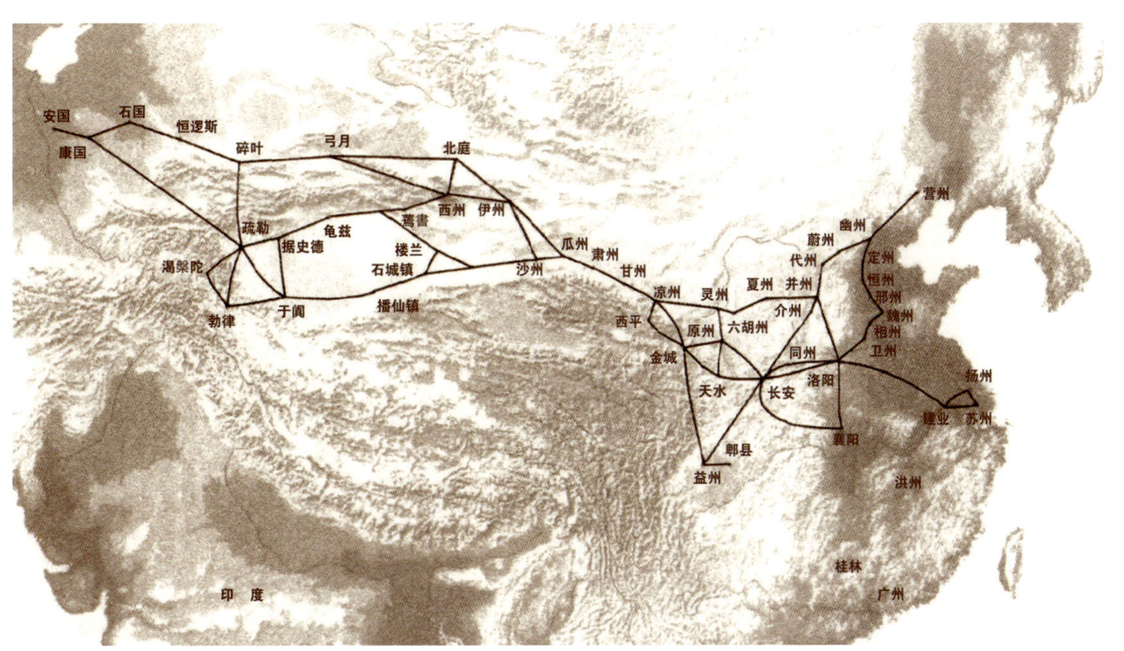

粟特移民迁徙路线图

（摘自马晓玲《北朝至北隋唐时期入华粟特人墓葬研究》，西北大学 2015 年博士论文）

石堂

北魏（386 ~ 534 年）

长 210、宽 81、高 74 厘米

征集

中国国家博物馆藏

该石堂整体呈歇山顶房屋式，门两侧及四角均有一浮雕侍卫。石堂四面浅线刻群胡晋见首领图、女性侍立图、出行图、侍女与胡人乐舞图、袄教大会图等。尤其是石堂背面的胡人及侍女乐舞图，在浓郁的袄教氛围中，展现了粟特人丰富的音乐形象。

石堂正面拓片

石堂背面拓片

石堂左侧面拓片

石堂右侧面拓片

陕西西安北周史君墓石椁上的乐舞形象

西安北周史君墓位于西安市未央区井上村东，属夫妇合葬墓，墓主姓史，为北周凉州萨保，卒于北周大象二年，史国人。在石室北壁的宴饮图中刻画有伎乐场景，伎乐人或弹奏箜篌、琵琶，或吹横笛，或拍打腰鼓，真实地再现了北周时期粟特人的音乐形象。

山西太原虞弘墓出土石棺、石乐俑

山西太原虞弘墓 1999 年由山西省考古研究所等单位发掘。墓主虞弘为中、西亚地区鱼国纥鳞城人，从其父流寓茹茹（柔然），达至高官，曾奉国王之命出使波斯、吐谷浑等国。他出使北齐时被留任官，入周时曾任“检校萨保府”，职掌入华外国人事务。隋开皇十二年（592 年）卒于晋阳，时年 59 岁。墓室中汉白玉石棺浮雕乐舞、狩猎、人狮搏斗等场景，其中祆教圣火祭坛、持器乐伎、胡腾舞等充满了异域风情。

筚篥

筚篥，原为古代龟兹语的音译，是一种吹奏乐器。初用骨器，后改用竹子，以芦为簧，以竹为管，按孔有八前七后一说，竖吹发音。它是演奏龟兹乐、高昌乐、疏勒乐等的重要乐器之一，十六国时期传入中原。

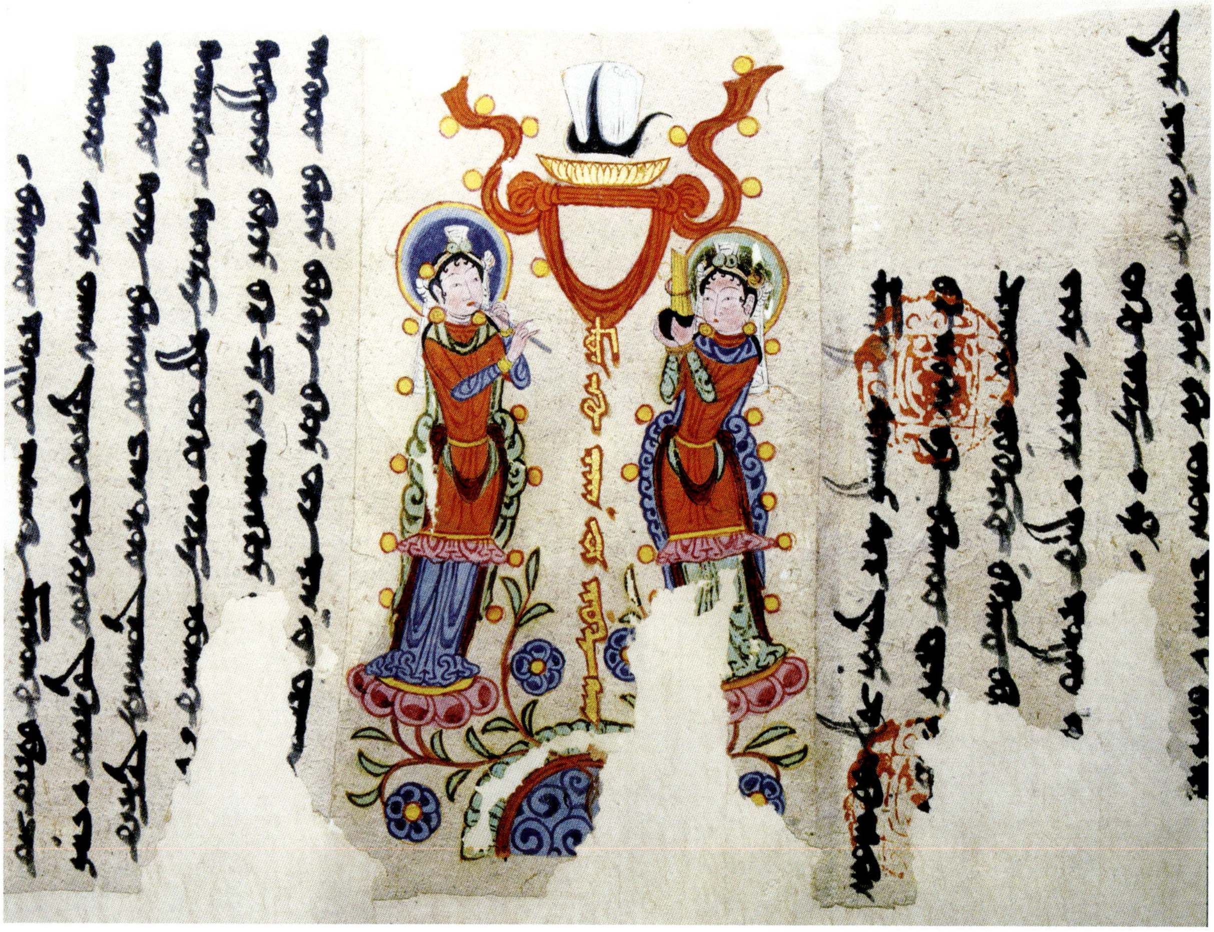

粟特文摩尼教信札

信札中吹箄篥的乐者形象

中国古代音乐发展至隋唐，已经成为融歌、乐、舞于一体的大型综合表演艺术。隋代继承了魏晋南北朝时期的音乐文化成就，创建了“七部乐”、“九部乐”的音乐体制。唐代，各民族的乐器及音乐、歌舞等艺术形式通过丝绸之路，从中亚、西亚、南亚等国源源不断地传入中原，与中原传统音乐文化相互交融、影响，在此基础上，创作了大量的器乐作品，出现了许多新的乐器组合形式，它们共同组成了丰富多彩的唐代音乐文化。

In the Sui and Tang dynasties, ancient Chinese music had developed into a large-scaled complex performing art integrating songs, music and dance. In the Sui Dynasty, people inherited the musical culture achievements of the Wei, Jin, Southern and Northern Dynasties and created the music systems of "seven-ensemble music" and "nine-ensemble music". In the Tang Dynasty, the musical instruments, instrumental music, and the song-dance art of different nations were introduced from countries in Central, West and South Asia to Central China via the Silk Road, and integrated and influenced with traditional musical instruments in local areas of China. On this basis, numerous works of instrumental music were created and many new combination ways of musical instruments were invented. They jointly enriched the music culture of the Tang Dynasty.

第三部分 PART III

百川归海

隋唐时期的丝路音乐盛景

Integration of Different Genres

Prime of Music along the Silk Road in Sui and Tang Dynasties

“唐天宝十五年，以先王之乐为雅乐，前世新声为清乐，合胡部者为宴（燕）乐。”——沈括《梦溪笔谈》

第一单元

杨柳新翻

隋唐燕乐与坐立部伎

隋唐时期，与宫廷雅乐形成鲜明对比的宴乐得到空前发展。宴乐即宴请宾客时使用的音乐，又称“燕乐”。隋唐燕乐继承了乐府音乐的成就，是汉族俗乐与境内其他民族以及域外俗乐相融合而成的宫廷新音乐。燕乐中包括多种音乐形式，如声乐、器乐、舞蹈、百戏等。其中歌舞音乐在隋唐燕乐中占有最重要的地位。隋代的七部乐、九部乐和唐代的九部乐、十部乐都属于燕乐。

绘彩陶伎乐女俑

隋开皇十五年（595 年）
高 17 ~ 18.5 厘米
河南安阳市张盛墓出土
河南博物院藏

这组伎乐女俑造型和服饰大体相同，均呈坐姿，头梳平髻，脑后插梳，黑发朱唇，长裙铺地，外着罩衣，双带下垂。八件女乐俑姿态各异，形象生动，跽坐演奏，除一人手中无乐器，其余七人分别持排箫、琵琶、筚篥、钹、笛和竖箜篌等乐器，共同展现了一个别开生面的小型宴乐演出的场景。

坐部伎是唐代乐舞坐、立二部之一，唐玄宗时正式设立。张盛墓这组坐奏伎乐俑的出土，表明唐代的坐部伎在隋时已见雏形。

隋代九部乐的来源地及使用乐器表

类别	来源地	乐器类型
西凉伎	今甘肃，汉族乐舞风格，吸收有西域和周边民族乐舞成分	钟、磬、弹筝、搊（chōu）筝、卧箜篌、竖箜篌、琵琶、五弦、笙、箫、大筚篥、小筚篥、横笛、腰鼓、齐鼓、檐鼓、铜拔（钹）、贝
清商伎	原汉魏六朝时的汉民族民间歌舞	钟、磬、琴、瑟、击琴、琵琶、箜篌、筑、筝、节鼓、笙、笛、箫、篪、埙
高丽伎	今朝鲜	弹筝、卧箜篌、竖箜篌、琵琶、五弦、笛、笙、箫、小筚篥、桃皮筚篥、腰鼓、齐鼓、檐鼓、贝
天竺伎	今印度	凤首箜篌、琵琶、五弦、笛、铜鼓、毛员鼓、都昙鼓、铜拔（钹）、贝
安国伎	今乌兹别克斯坦布哈拉	箜篌、琵琶、五弦、笛、箫、筚篥、双筚篥、正鼓、和鼓、铜拔（钹）
龟兹伎	库车，唐时龟兹是西域各地的政治经济和音乐文化中心，对周边各地影响颇大	竖箜篌、琵琶、五弦、笙、笛、箫、筚篥、毛员鼓、都昙鼓、答腊鼓、腰鼓、羯鼓、鸡娄鼓、铜拔（钹）、贝
文康伎	隋七部乐的最后一部，后改名为礼毕或宴后	笛、笙、箫、篪、铃槃、鞞、腰鼓
康国伎	今乌兹别克斯坦境内撒马尔罕	笛、正鼓、加鼓、铜拔（钹）
疏勒伎	今新疆疏勒、英吉沙	竖箜篌、琵琶、五弦、笛、箫、筚篥、答腊鼓、腰鼓、羯鼓、鸡娄鼓

注：隋原为七部乐，隋炀帝时增加康国、疏勒两个乐部

青釉伎乐女俑

隋代（581 ~ 618 年）
高 21、宽 7 厘米
河南安阳市置度村出土
安阳市文物考古研究所藏

这组伎乐俑共九人，通体施豆青色釉，均为立姿演奏。乐俑头发盘梳于头顶，发髻偏左，身穿窄袖襦裙，胸前系带，裙摆及地。二个女俑手中无乐器、长袖遮手，似在随身体摆动，应是乐队中的舞者。奏乐女俑为七人，一人手中无乐器，似作击掌状或是手中乐器遗失，其余六人分别持排箫、箜篌、筚篥、笙、笛、钹。

彩绘陶伎乐俑

唐代（618 ~ 907 年）
左右底板：长 36.1、宽 11.8 厘米
俑：高 13 ~ 17 厘米
河南巩义市北窑湾出土
河南省文物考古研究院藏

这组绘彩伎乐俑有舞俑一人、乐俑六人，形象地再现了唐代坐部伎乐舞表演的场面。乐俑或头梳丫髻、椎髻，或梳单刀髻，身着低胸圆领窄袖衣，裙腰高系，胸下束带，下身着红色长褶裙，裙摆曳地，左肩披帛。六乐伎跽坐，分别持琵琶、箜篌、箫、笙等乐器，其中双手交握者为讴歌俑。中间则是一个翩然起舞的女俑，梳双丫髻、披帛长裙、扭腰摆臂，虽双臂残缺，但体态优美，舞姿婀娜。

唐代《瑞鹧鸪》演出

坐部伎与立部伎

坐、立部伎是唐代宫廷燕乐的典型代表之一，包括“坐部伎”和“立部伎”，是按照表演姿势的站、立来进行划分的乐舞。坐、立二者各有表演特色，规模和具体人数也有不同的限定。堂上坐奏为“坐部伎”，表演人数较少，最多三排十二人，表演时，用丝竹乐伴奏，音乐细腻，个人表演技艺普遍较高。而堂下立奏为“立部伎”，表演人数较多，多用锣鼓等打击乐伴奏，情绪热烈，气势磅礴，个人的表演技艺普遍较低。

唐代李寿墓石椁坐部、立部伎线图
（摘自《中国美术全集》）

立部伎

唐·白居易

立部伎，鼓笛喧。舞双剑，跳七丸。袅巨索，掉长竿。
太常部伎有等级，堂上者坐堂下立。
堂上坐部笙歌清，堂下立部鼓笛鸣。
笙歌一声众侧耳，鼓笛万曲无人听。
立部贱，坐部贵，坐部退为立部伎，击鼓吹笙和杂戏。
立部又退何所任，始就乐悬操雅音。
雅音替坏一至此，长令尔辈调宫徵。
圆丘后土郊祀时，言将此乐感神祇。
欲望凤来百兽舞，何异北辕将适楚。
工师愚贱安足云，太常三卿尔何人。

第二单元

十部韵传

隋唐时期丝路多民族音乐的汇流

唐代承继汉魏六朝清乐之传统，在融汇西凉乐、龟兹乐等不同国家和地区音乐文化精华基础上兼容并蓄，海纳百川，最终形成恣肆汪洋、千壑万流的唐代“燕乐”，构成了中原乐舞的新篇章。

唐代十部乐

贞观十六年（642年）唐太宗平定高昌，将高昌乐纳入乐部，同时在隋九部乐基础上去掉“礼毕”而造“燕乐”，形成唐十部乐。这种按照当时乐舞来源地区或国别而命名的唐十部乐，从一个侧面反映了魏晋南北朝以来，东西方各民族、各地区乐舞汇集中原，相互吸收、融合、发展的总趋势。

《新唐书·礼乐志》所载唐代十部乐的乐队规模、类别、乐器

乐部	舞者	演奏人数	乐器	地域国别
燕乐	20	31	玉磬、方响、搊（chōu）筝、筑、卧箜篌、小箜篌、大箜篌、大琵琶、小琵琶、大小五弦、吹叶、大笙、小笙、大筚篥、小筚篥、箫、铜钹、长笛、尺八、短笛、毛员鼓、连鞉鼓、桴鼓、贝	唐代宫廷乐
清乐	4	25	独弦琴、击琴、瑟、秦琵琶、卧箜篌、筑、筝、节鼓、笙、笛、箫、篪、方响、跋膝、钟、磬、吹叶	传统中原清商乐
西凉乐	5	27	弹筝、搊（chōu）筝、卧箜篌、竖箜篌、琵琶、五弦、笙、箫、筚篥、小筚篥、笛、横笛、贝、钟、磬、腰鼓、齐鼓、擔（檐）鼓、铜钹	今甘肃武威一带
天竺乐	2	12	凤首箜篌、琵琶、五弦、筚篥、横笛、贝、铜鼓、羯鼓、都昙鼓、毛员鼓、铜钹	今印度
高丽乐	4	18	弹筝、搊（chōu）筝、凤首箜篌、卧箜篌、竖箜篌、琵琶、五弦、义觜笛、笙、葫芦笙、笛、箫、小筚篥、桃皮筚篥、贝、腰鼓、齐鼓、擔（檐）鼓、龟头鼓、铁版、大筚篥	今朝鲜
龟兹乐	4	20	弹筝、竖箜篌、琵琶、五弦、横笛、笙、箫、筚篥、都昙鼓、答腊鼓、毛员鼓、侯提鼓、腰鼓、齐鼓、鸡娄鼓、擔（檐）鼓、贝、铜钹等	今新疆库车
安国乐	2	12	竖箜篌、琵琶、五弦、横笛、箫、筚篥、正鼓、和鼓、铜钹	今中亚布哈拉一带
疏勒乐	2	12	竖箜篌、琵琶、五弦、横笛、箫、筚篥、答腊鼓、腰鼓、羯鼓、鸡娄鼓、侯提鼓	今新疆喀什及疏勒一带
康国乐	2	7	笛、正鼓、和鼓、铜钹	今中亚撒马尔罕
高昌乐	2	14	竖箜篌、五弦、琵琶、箫、横笛、筚篥、铜角、答腊鼓、腰鼓、鸡娄鼓、羯鼓	今新疆吐鲁番

彩绘釉陶乐舞俑

唐代（618 ~ 907 年）
高 17.6 ~ 26.2 厘米
1971 年陕西省礼泉县郑仁泰墓出土
陕西历史博物馆藏

这组乐舞俑共有七人，其中两人为舞俑，头梳双髻，圆脸略施脂粉，表情温婉，着窄袖衫，外套半臂，穿高腰黄色曳地长裙，肩披帔帛，双手分执帛巾两端，两两相对，正挥动双臂，婆娑起舞。另五人为乐师，一人头梳单螺髻，双手斜放右侧作吹长笛状，其余四人均头梳双螺髻，一人击鼓，另外三人的乐器已消失。她们围坐在地上，全神贯注地为舞蹈者伴奏。这组乐舞俑真实地反映了唐代早期由于国家的统一和经济的发展，音乐舞蹈艺术所呈现出的繁荣景象。

彩绘陶乐舞俑

唐代（618～907年）
立俑：高约30、宽约10厘米
坐俑：高约19、宽约12.5厘米
1991年河南洛阳市唐墓出土
洛阳博物馆藏

一组十人，由乐俑和舞俑组成，皆彩绘。女俑均粉面朱唇，眉心间饰紫色花钿，唇边饰黑色圆点状假靥。乐俑共六人，均跽坐，头梳双髻，身着长裙，上罩半臂，披帛，作吹奏或弹奏乐器状。舞俑四人，其中二人头梳高髻，化妆与乐俑相同，身着长裙，上罩半臂，披帛结绶，脚穿昂头重台履，身体微倾，披帛搭于端起的右臂之上，飘逸婀娜；另外二人头梳双环髻，髻前戴一朵梅花形饰，身着长裙，外罩翻领半臂，腰间束带，袖口和外衣下摆露出花边，二者扬袖摆腰，随乐舞动。此组女俑造型优美，乐者、舞者因身份不同而服饰、装扮不同，生动展现了唐代乐舞场景和唐代女性之美。

龟兹国与龟兹乐

龟兹国是历史上西域三十六国的政治与文化的中心，也是丝绸之路上的一处经济重镇。自古代东西交通大动脉——丝绸之路贯通以后，地中海文明、两河流域文明、南亚次大陆文明、黄河流域文明都在这里交融汇合。古龟兹人擅长乐舞，音乐舞蹈融为一体，文献记载其“管弦伎乐，特善诸国”。龟兹乐乐器丰富，曲调欢快明亮，极具感染力，隋唐时，成为最盛行的乐舞形式，并被纳入隋唐九部乐、十部乐中，是宫廷及民间宴会上常演的曲目。龟兹乐舞中最具代表性的乐舞形式是苏幕遮，它是龟兹人一种祈求丰年、禳灾灭祸的大型歌舞戏，集合了龟兹各种民间乐舞方式，又称“乞寒舞”或“令寒胡戏”。这种歌舞源自波斯，盛行于龟兹、康国，后又传入中原。其表现内容为：一是乞寒求水，二是破灾辟邪，其演出场面声势浩大，人物众多，气氛热烈。表演者男女皆有，头戴毡帽及面具、假面扮演各种鬼神等，边歌边舞，相互泼水为戏，具有极强的群众性和娱乐性。

乐舞图舍利盒

唐代（618 ~ 907 年）
通高 31.2、直径 37.3 厘米
1903 年新疆库车苏巴什佛寺出土
日本东京国立博物馆收藏

龟兹乐舞图舍利盒

这件舍利盒 1903 年发现于新疆库车龟兹古国的苏巴什佛寺遗址。舍利盒身周围绘有一组形象极为生动的乐舞图，经考证，反映的是龟兹音乐舞蹈（歌舞戏）艺术的珍贵形象。龟兹乐舞，在唐朝尤为盛行，但从未见到过形象化的记载，这幅图像是唯一的见证，也是龟兹当时社会世俗生活的真实写照。舍利盒盖上绘有四身“迦陵频伽”，所持乐器分别是：筚篥、竖箜篌、曲颈琵琶和类似五弦琵琶的一种乐器。盒身一周绘有由 21 人组成的乐队，从舞蹈者头戴的各种面具和乐舞的气氛等特点来看，这是一幅典型的龟兹“苏幕遮”乐舞图，而且对当时龟兹服装、服饰、鞋帽及习俗，皆有形象的描绘，是真实记录中国西部音乐历史瞬间的风俗画卷。乐队六人所持乐器有：大鼓、竖箜篌、弓形箜篌、排箫、鼗鼓、鸡娄鼓和铜角，另有五个儿童和十位戴面具的舞者。

彩绘戴面具舞蹈泥俑

唐代（618 ~ 907 年）
长 15、宽 15、高 35 厘米
新疆吐鲁番市阿斯塔那唐墓出土
新疆维吾尔自治区博物馆藏

舞狮俑

唐代（618 ~ 907 年）

长 11.6、高 13 厘米

1960 年新疆吐鲁番市阿斯塔那 336 号墓出土

新疆维吾尔自治区博物馆藏

此舞狮俑以泥雕制而成，双目怒视，宽扁鼻翼，红嘴白牙，作张牙欲噬状。通体先施白色，后局部染以浅绿色。躯体外表刻划白色弯曲的条纹，以表示狮身上卷曲的松软长毛。狮身脊背饰带上的八条宽带分别对称下垂腹部两侧，腹下露出四条人腿，很显然这是由二人装扮成狮子的形象在翩翩起舞。

乐伎图绢画

唐代（618～907年）
外框：纵51.2、横44.6厘米
屏心：纵47.2、横40.2厘米
新疆吐鲁番市阿斯塔那唐墓出土
新疆维吾尔自治区博物馆藏

屏风为绢本，出于唐代西州豪族张雄之孙、张怀寂之子张礼臣的墓中，共六扇，二舞伎、四乐伎。乐伎一身怀抱四弦阮咸，另一身执筝，其余二身残损甚多，看不出所执物形状。

伎乐画像砖

唐代（618 ~ 907 年）
长 36、宽 18、厚 5 厘米
1985 年甘肃酒泉市西沟村唐墓出土
甘肃省文物考古研究所藏

伎乐画像砖

唐代（618 ~ 907 年）
长 36、宽 18、厚 5 厘米
1985 年甘肃酒泉市西沟村唐墓出土
甘肃省文物考古研究所藏

手持琵琶彩绘女俑

唐代（618 ~ 907 年）
高 24.7、宽 6.2 厘米
征集
宁夏博物馆藏

该女俑为泥质红陶，发髻高盘，面部饱满，身形修长，手持琵琶，亭亭而立。五官较模糊，但仍可见端庄静雅的气质。

彩绘女舞俑

唐代（618 ~ 907 年）

高 28、宽 10 厘米

征集

宁夏博物馆藏

该俑材质为泥质黑陶，女俑发髻高盘，眉目清秀，小口红唇，略带微笑。左臂上扬，右臂顺体态自然下垂，红丝带由左肩飘及右胯，翩翩起舞，婀娜多姿，给人一种美的享受。

黄釉弹琵琶女俑

唐代（618 ~ 907 年）
高约 15 厘米
河南洛阳市贾敦赜墓出土
洛阳博物馆藏

黄釉弹箜篌女俑

唐代（618 ~ 907 年）
高约 15 厘米
河南洛阳市贾敦赜墓出土
洛阳博物馆藏

女俑跽坐，梳高髻，着襦裙装，抱一箜篌，施黄釉，釉上有彩绘。此俑是初唐时期著名廉吏贾敦赜墓中乐舞俑群中的一件。

三彩釉陶骆驼载乐俑

唐代（618 ~ 907 年）
高 58、长 41 厘米
1959 年陕西西安市中堡村唐墓出土
陕西历史博物馆藏

该俑造型新颖浪漫。驼背部架一平台，铺方格纹长毯，上有乐舞俑八个，七男乐俑、一女舞俑。乐俑环坐平台四周，分别执笛、箜篌、琵琶、笙、箫、拍板、排箫七种乐器，在全神贯注地演奏，女舞俑亭亭玉立于七个乐俑中间，轻拂长袖，边歌边舞。这组乐舞俑是典型的盛唐时期作品，舞乐者均着汉族衣冠，使用的却大多是从西域传入的乐器，表现的是流行于开元、天宝时期的“胡部新声”，即胡汉文化融合后新的舞乐形式。这组乐俑釉色鲜明亮丽、协调自然，堪称唐三彩中的极品。

三彩釉陶载乐骆驼

唐代（618 ~ 907 年）
高 58.4、长 43.4 厘米
1957 年陕西西安市鲜于廉墓出土
中国国家博物馆藏

细腰红陶鼓

唐代（618 ~ 907 年）

高 25.7、口径 10.4 ~ 10.5、腰径 5.4 厘米

1987 河南沁阳市唐墓出土

河南博物院藏

铜锣

唐代（618 ~ 907 年）

直径 18.4、腹深 4.8、胎厚 0.6 厘米

1990 年陕西西安市三桥镇关庙小学出土

西安博物院藏

三彩骑马击鼓男俑

唐代（618 ~ 907 年）

高 38、长 35.5 厘米

河南洛阳市出土

洛阳博物馆藏

三彩骑马吹排箫俑

唐代（618 ~ 907 年）

高 40 厘米

河南洛阳市征集

河南博物院藏

彩绘陶骑马乐俑

唐代（618 ~ 907 年）
高 29、宽 24 厘米
1988 年河南洛阳市柳凯墓出土
洛阳博物馆藏

该组乐俑共 10 件，皆戴风帽，着圆领窄袖袍，这组骑马乐俑属唐代卤簿仪仗中的鼓吹俑群。所演奏乐器有排箫、横笛、竖笛、鼓（已失）等，还有作吹哨状者。此俑群生动刻画了乐者俯仰于马上、投入演奏的场面。骑马鼓吹乐俑属唐墓中常见随葬品，现实中是军队的组成部分，演奏者多为男性。

骑马吹哨俑

唐代（618 ~ 907 年）
高 35、长 27、宽 9 厘米
旧藏
西安博物院藏

骑马击鼓俑

唐代（618 ~ 907 年）
高 34、长 26、宽 10 厘米
旧藏
西安博物院藏

骑马吹排箫俑

唐代（618 ~ 907 年）

高 34、长 26、宽 10 厘米

旧藏

西安博物院藏

骑马吹笛俑

唐代（618 ~ 907 年）

高 35、长 27、宽 8.5 厘米

旧藏

西安博物院藏

骑马吹奏女俑

唐代（618 ~ 907 年）
高 35、长 27、宽 8.7 厘米
旧藏
西安博物院藏

骑马乐俑

唐代（618 ~ 907 年）

高 33.5、长 26.5、宽 10 厘米

旧藏

西安博物院藏

彩绘陶骑马击鼓俑

唐开元十二年（724 年）

高 29、长 24.8 厘米

1991 年陕西西安市东郊金乡县主墓出土

西安博物院藏

彩绘陶骑马吹笛俑

唐开元十二年（724 年）
高 30.2、长 25 厘米
1991 年陕西西安市东郊金乡县主墓出土
西安博物院藏

彩绘陶骑马吹排箫俑

唐开元十二年（724 年）

高 30.8、长 23.2 厘米

1991 年陕西西安市东郊金乡县主墓出土

西安博物院藏

青釉模印贴花人物纹瓷壶

唐代（618 ~ 907 年）
高 18、口径 8、底径 10.3 厘米
1980 年陕西安康市出土
陕西历史博物馆藏

侈口，广肩，平底，短流宽鋬。肩上有对称的立耳，腹上有三块卵圆形深色酱釉，中间为贴塑人物，一人吹箫、一人舞蹈、一人骑马舞剑。这些纹饰和人物姿态是中外文化交流的见证。

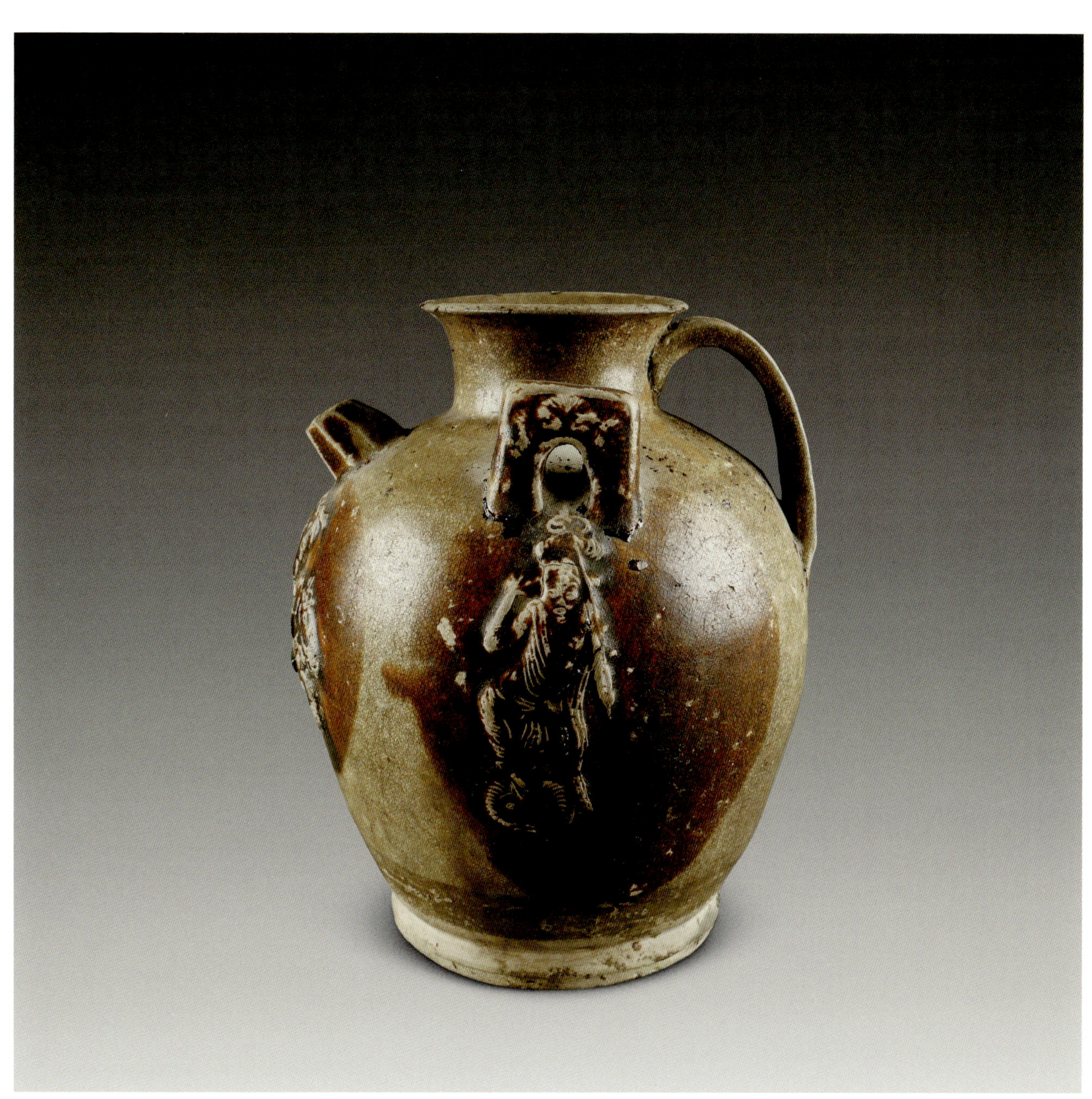

胡腾舞与胡旋舞

胡腾舞是从西域突厥回鹘民间传入中原的一种男子独舞，以跳跃和急促多变的腾踏舞步为主。流行于北朝至唐代。起舞时，男子绕圈急行，舞步变化多端，时而刚毅奔放，时而柔软潇洒。舞者多是高鼻深目的中亚人。胡旋舞主要来自西域的康国、史国和米国等。节奏欢快鲜明，以回环蹬踏的旋转性舞姿为主，故名胡旋。是唐代最盛行的舞蹈之一。白居易《新乐府·胡旋女》：“胡旋女，出康居。弦歌一声双袖举，回雪飘飘转蓬舞。左旋右转不知疲，千匝万周无已时。”

乐舞图壁画

唐天宝四年（744 年）
长 410、高 147 厘米
1952 年陕西西安市东郊经五路苏思勖墓出土
陕西历史博物馆藏

该乐舞图位于墓室东壁，由于画面篇幅巨大，揭取时将整幅画面分割为三个部分。演出中心是一男性胡腾舞者。两侧的乐队身着汉人衣冠，所执的九种乐器中，既有西域传入内地的胡乐乐器如箜篌、筚篥、琵琶、铜钹、横笛，也有汉族传统乐器琴、笙、排箫和拍板，呈现出中外乐舞交织的场景。“横笛琵琶遍头促”，以琵琶和笛子为主奏的乐曲，节奏急促，旋体奔放，正是《乐府杂录》所记的“胡部新声”风格。

宴乐图壁画

唐开元二十八年（740 年）
长 395、高 227 厘米
2013 年陕西西安市长安区郭庄村韩休墓出土
陕西历史博物馆藏

韩休（672 ~ 740 年），字良士，京兆长安（今陕西西安）人，唐玄宗时期居丞相位，其子韩滉所画《五牛图》为中国传世名画。此壁画为近年发现的最完整的唐代乐舞图。画面由男女舞者、男女乐队以及说唱、指挥四部分共 16 人组成。在画面中间，一对男女舞伎分别立于饰有联珠纹的圆毯上和乐起舞，北侧为女舞者合乐的为典型的唐代女子乐队——四位仕女坐在一块方形毯子上，她们分别在演奏笙、竖箜篌、拍板、筝，另有一立姿仕女，应为歌者。女乐左前方一执竿男子应为乐队指挥。南侧为男舞者伴奏的应是胡人乐队。依次为胡人歌者、竖箜篌、琵琶、铜钹、排箫、尺八，整个乐队是在一个长着松树、芭蕉树、柳树的庭院内演出。乐舞场面胡乐、汉乐交相呼应，气氛热烈，呈现胡汉交融的“胡部新声”风格。集歌、乐、舞于一体，是盛唐音乐胡、雅、俗兼容并蓄的写照，更是丝路音乐文化交流的重要资料。

胡旋舞石刻墓门

唐代（618 ~ 907 年）
单扇门高 89、宽 43 厘米
上、下圆柱形门枢高 13、直径 10 厘米
宁夏盐池县苏步井乡窨子梁出土
宁夏博物馆藏

石质墓门，两门扇外侧上下有圆柱状榫，门面闭合处各有一孔，出土时有铁锁锁扣。门正面凿磨光滑，各雕男舞者一人。所刻舞者为典型的胡人形象：虬须卷发，深目高鼻，胸宽腰窄，体魄健壮。身着圆领紧身窄袖衫，下着短裙，足蹬长筒靴，勾手扬臂，摆手扭胯，提膝腾跳舞于一椭圆形毯上。二者造型不同，左边舞者侧身回首，左脚站立圆毯上，右腿后屈，左臂抬起后扬，右臂屈至头顶；右侧舞者右脚立毯上，左腿前伸，双臂上屈，至头顶方合拢。二者均手举长巾，熟练挥旋，舞姿雄健迅急，洒脱奔放，又不失柔软诙谐。门扇画面丰富，四周剔地浅浮雕卷云纹，似舞技腾跃于云气之中，造成流动如飞的艺术效果。整个画面构思精妙，主题突出，人物面部表情灵动自然，体态轻盈健美，雕刻生动，线条流畅，引人入胜。

唐代石刻胡旋舞墓门的发现，反映出中、西亚乐舞对宁夏地区文化艺术的深刻影响，是中西文化交流十分珍贵的遗物，是西域文化艺术与中原地区石雕工艺有机结合的产物，也是当时北方民族大融合历史背景的实物见证。

鎏金铜胡腾舞俑

唐代（618 ~ 907 年）
高 13.5 厘米
1940 年甘肃省山丹县征集
山丹县博物馆藏

该舞俑头戴卷檐尖顶帽，身穿窄袖紧身长衫，外罩对襟半臂，足蹬翘头软靴，身后背一个酒葫芦，双臂伸展，长袖翻飞，裙角轻扬，一足立于半球形垂瓣莲托上，另一足斜向上踢出。其形象与唐诗中描绘的胡腾舞场景极为相似。

胡腾舞木俑

唐代（618 ~ 907 年）
高 30、底座长 14.5、底座宽 11.6 厘米
1965 年河南焦作市征集
焦作市博物馆藏

该组木俑共五件，均为白粉涂地，上施黑彩，头戴具有典型胡人风格的螺旋毡帽。木俑脸颊丰满、高鼻深目、络腮胡，具有典型西域胡人的特点。身穿窄袖长袍，衣袖飘逸，束带，长靴。他们各自做着不同的舞蹈动作，有的勾手搅袖、面部严峻，有的摆手扭胯，共同呈现出唐代流行的胡腾舞的表演场景。

彩绘陶黑人百戏俑

唐代（618 ~ 907 年）
高 13 厘米
1960 年新疆吐鲁番市阿斯塔那 336 墓出土
新疆维吾尔自治区博物馆藏

此泥俑肤色纯黑，头发呈细螺旋形，窄额、小脸、浓眉、大耳，白眼外凸，鼻梁宽挺，右臂平伸内弯上举，左臂靠近大腿，双手共握一棍，右腿直立，左腿内弯，左脚底后部搭于右脚背侧面，脚趾着地，上身全裸，下身仅穿橘红色条纹短裤。

彩绘参军戏俑

唐代（618 ~ 907 年）
高 54 厘米
甘肃庆城县穆泰墓出土
庆城县博物馆藏

该俑立于方形底座上，头戴高顶黑帽，帽顶扁平，形如矛头，帽檐上卷，饰以彩绘。头略朝右，左眼圆睁，右眼紧闭，咧嘴大笑作滑稽状。身着黄色团领窄袖开襟长袍、在袍前交口处装饰朱红色与白色的团花纹，腰系黑带，左侧带下缀黑色皮囊，左臂屈肘，握拳于身侧。右臂的衣袖挽至肘部，握拳于身前。足蹬长筒翘头黑靴。表情丰富，姿势夸张，似正在进行表演。

彩绘黑人舞俑

唐代（618 ~ 907 年）
高 50 厘米
甘肃省庆城县穆泰墓出土
庆城县博物馆藏

该俑为胡人形象，高眉深目，圆眼尖鼻，颧骨隆起，两腮内凹，下唇凸起，皮肤黝黑。长发垂至颈部，发梢上卷，额头扎有黄色带子。耳戴尖形耳坠。身着灰白色团领紧袖偏襟长袍，腰系黑带，臀部缀圆形皮囊，袍子的后裾下垂至膝窝，前裾扎于腰带。下穿紧身豹皮裤，足蹬黑色皮靴。两臂屈肘上举，头略右偏，目视右拳，神情专注。胯部外送，上身前倾，整个身体扭动十分夸张，脚呈丁字步站在长方形底座上。

红陶乐舞人物印模

唐代（618 ~ 907 年）
高 3.6 厘米
征集
河南博物院藏

此器为红陶胎，正面浮雕有两个西域胡人的舞蹈形象，他们穿着不同的民族服饰，舞姿各异，或踢腿甩袖，或摆首扭胯，另外两人肩扛、手捧物品作奉献状。此件器物是中原与西域少数民族地区乐舞文化交流的实物资料。

陶人头埙

唐代（618 ~ 907 年）
高 6、长 8.5、宽 8 厘米
征集
河南博物院藏

三彩埙

唐代（618 ~ 907 年）
高 4 ~ 4.5 厘米
征集
河南博物院藏

该组三彩埙，施黄、绿、蓝三彩，色彩艳丽，模制而成。所示形象毛发繁密，两眼圆睁，高鼻短下巴，口微张，中空。在埙的两颊各有两个圆形音孔，头顶部位有一个圆形吹孔。应为民间儿童吹奏玩耍所用。

当中国的丝绸等沿着汉王朝打通的丝绸之路源源不断抵达地中海岸的古罗马帝国时，佛教也从印度沿着丝绸之路传入中国。魏晋至隋唐是中国佛教大发展时期，佛教信仰跨越民族认同、文化认同，遍布各地，庙宇和洞窟随处可见。绘画和音乐是佛教宣扬深奥玄秘的哲理最有力的艺术手段，音乐又是佛教法事的重要形式。清雅的法曲和着雄壮的鼓乐、飘逸的琴音，映照着丝路沿线佛教音乐的灿烂气象。

When China's silk was continuously brought to the ancient Roman Empire in the Mediterranean area via the Silk Road opened by the Han Dynasty court, Buddhism was also introduced from India to China. From Wei, Jin to Sui and Tang dynasties, Buddhism saw remarkable development in China and was disseminated to various places all over the country, transcending the national and cultural identity. Buddhist temples and grottoes could be found everywhere. Painting and music are the most powerful artistic means used in Buddhism to promote the profound and esoteric philosophy. Music is also a major form adopted in Buddhist rituals and ceremonies. The elegant ritual music, the magnanimous drum music and the graceful zither music shine in the spectacular world of Buddhist music along the Silk Road.

第四部分 PART IV

天乐妙响

丝路沿线所见佛教音乐

Pleasant Heavenly Music

Buddhist Music along the Silk Road

伊宁
俄
罗
斯
天
山
乌鲁木齐
胜金口
吐鲁番
交河故城
雅尔湖石窟
柏孜克里
克石窟
哈密
克孜尔千佛洞
森木塞姆千佛洞
拜城
克孜尔尕哈石窟
库车
焉耆
库木吐拉千佛河
塔
里
木
河
罗布泊
东千佛洞
西千佛洞
敦煌
莫高窟
石窟寺壁画乐伎分类
伎乐天
天宫乐伎
飞天乐伎
化生乐伎
化生菩萨乐伎
化生童子乐伎
护法神伎乐
天王乐伎
金刚力士乐伎
药叉乐伎
迦陵鸟乐伎
经变伎乐
胁侍菩萨乐伎
文殊普贤经变乐伎
礼佛乐队乐伎
伎乐天
故事画乐伎
供养人乐伎
出行图乐伎
嫁娶图乐伎
宴饮图乐伎

丝绸之路沿线重要石窟分布示意图

第一单元

天音浩荡

魏晋南北朝佛教音乐

魏晋南北朝时期，随着佛教东传和在中原地区的广泛传播，佛教经典中提到的许多乐器逐渐流入了中原。其中管类有螺、贝、角、管、笛、胡笳、笙、竽、筚篥等；弦类有琴、筝、瑟、筑、琵琶、箜篌、五弦等；鼓类乐器有法鼓、大鼓、鼗、细腰鼓、都昙鼓、奎楼鼓等。它们随佛教的东渐而进入中原，并经不断融合、改进，成为我们现在使用的民族乐器，继续活跃在今人的音乐生活和舞台上。

佛教东传中的梵呗

梵，是印度语“清净”之意。呗，是印度语“呗匿”的略称，义为赞颂或歌咏。梵呗是佛教徒举行宗教仪式时，在佛菩萨前歌诵、供养、止断、赞叹、修持的音声修行法门，包括赞呗、念唱。一般认为，中国最早的汉传梵呗（佛教音乐）始于三国魏曹植，历经两晋南北朝时期僧俗名家的提倡传承和发扬光大，盛于齐梁，普及于隋唐。

克孜尔 92 窟乾闼婆演乐图　4 世纪

克孜尔 13 窟乾闼婆演乐图　5 世纪

“无限乾闼婆，争捻乐器行。
琵琶弦上急，羯鼓杖头忙。
并吹箫兼笛，齐奏笙与簧。”
——《维摩诘经讲经文》

克孜尔 7 窟乾闼婆演乐图　5 世纪

克孜尔 7 窟乾闼婆演乐图　5 世纪

克孜尔 13 窟乾闼婆演乐图　5 世纪

克孜尔石窟 77 窟伎乐图

克孜尔石窟是古龟兹地区最早开凿的石窟，作为佛教传入中国的第一站，具有重要的开端性意义。开凿于公元 3、4 世纪的 118 窟和 77 窟中的伎乐天、伎乐人所持的横笛、排箫、腰鼓、阮咸、弓形箜篌等，一定侧面、一定程度反映了历史上龟兹早期乐舞文化的真实面貌。

左侧壁

右侧壁

克孜尔 38 窟天宫伎乐图

克孜尔 38 窟为中心柱式洞窟，现前室已毁，仅剩主、后室。该窟绘画精美，内容丰富，券顶菱格构图内，交叉绘有本生故事与因缘故事图，颇具特色。最引人注目的是主室两壁说法图上端的“天宫伎乐”，每壁 7 组 14 人，两壁合计 14 组 28 人。表现的是佛教“天界”中天主帝释天所辖的忉利天宫中的“胜景妙乐”和弥勒菩萨居住的“兜率天”内“竞起歌舞”的欢娱景象。

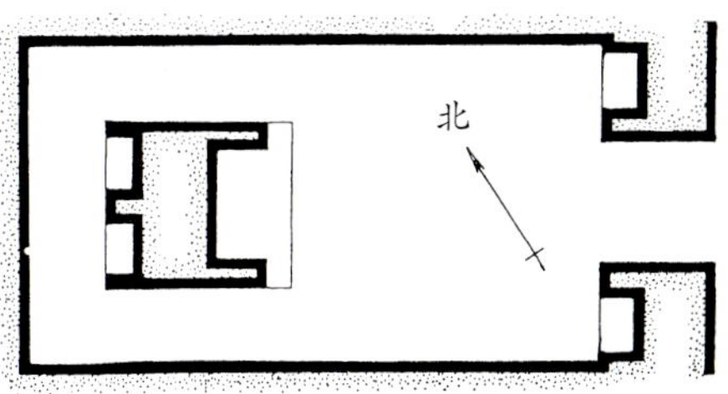

克孜尔 38 窟平面图

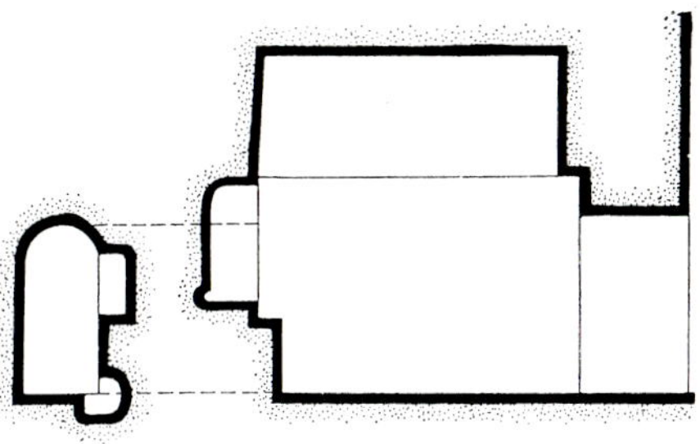
克孜尔 38 窟侧面图

巩义石窟伎乐人像

巩义石窟开凿于北魏时期（约5世纪），由北魏皇室主持修建，窟中的雕像大部分取材于《妙法莲花经》，部分则采自汉魏两晋以来的本土艺术形式。其中一些窟内侧壁脚下装饰有伎乐人像，他们手中所持乐器既有磬、瑟、琴、鼓等中原传统乐器，亦有西域传来的乐器如箜篌、琵琶、筚篥等。这些虽为佛教伎乐，但所着衣衫皆为中原的褒衣博带式服装，与同一时期克孜尔石窟中的伎乐人形象截然不同。这表明随着佛教向中原传播，来自西域的佛教文化、音乐与中原的音乐、文化进行了碰撞与融合。克孜尔千佛洞和巩义石窟中的伎乐人分别代表了西域与中原地区石窟中伎乐人像的不同风格，是胡风与汉风佛教伎乐的直接体现。

巩义石窟1窟西壁壁脚
击羯鼓、奏箜篌、弹阮伎乐人

巩义石窟3窟西壁壁脚
吹横笛、筚篥伎乐人

巩义石窟3窟西壁壁脚
弹箜篌、鼓瑟伎乐人

巩义石窟3窟东壁壁脚 鸣法螺伎乐人

巩义石窟3窟南壁壁脚西侧 击羯鼓、腰鼓伎乐人

巩义石窟 4 窟北壁壁脚　击腰鼓伎乐人

巩义石窟 4 窟西壁壁脚　吹横笛伎乐人像

巩义石窟 4 窟西壁壁脚　吹排箫伎乐人像

巩义石窟 4 窟西壁壁脚　敲鼓伎乐人

巩义石窟 4 窟西壁壁脚　弹琵琶伎乐人像

西域与中原伎乐人
形象比较

莫高窟 428 窟南壁飞天　北周（557 ~ 581 年）

莫高窟 285 窟伎乐飞天
西魏（535 ~ 556 年）

周荣祖造像碑

北齐武平年间（570～576年）
高160、宽72、厚27厘米
征集
河南博物院藏

该碑为石灰岩雕凿，螭首扁体。碑首六螭缠绕，中有一圆拱龛，内雕一佛二菩萨二弟子。龛额阴线刻二飞天，龛两侧阴线刻二胁侍菩萨。碑阳用减地平雕法刻出三幅图画，中有粗线间隔。上列刻盝顶帷帐龛，顶部有飞天十个，龛内以立柱将画面分为三幅。中间刻交脚弥勒及二胁侍。左右两侧画面相似，均为一菩萨、一伎乐人、一舞者。左右伎乐人分别持琵琶和笙。中列刻廊、阁、门等建筑物。下列刻车马出行场景，左上方有三人吹笙、洞箫、横笛，下方二人双手合十而跪，一人急步驱前。该碑造像精美，画面内容丰富，为我们研究该时期的宗教、社会风俗、雕刻艺术以及舞蹈、音乐、服饰、建筑等，提供了重要的实物资料。

陈光四面造像碑

北齐（550 ~ 577 年）
高 167、宽 33.5、厚 21 厘米
河南禹州市出土
河南博物院藏

该碑为螭首四面造像碑。碑首为六螭盘首，中刻一立姿菩萨。碑阳中刻一大龛，内雕一佛二弟子四菩萨。龛楣上刻四尊伎乐飞天，手持乐器，从左至右分别为弹琵琶、吹笙、吹排箫、吹横笛。龛楣上方雕维摩诘经变图。龛下刻造像铭文，多已剥蚀不清。碑阴上部刻一龛，内有一佛二弟子二菩萨，下部遍刻题记。碑左右两侧上部均刻一龛，内有佛传故事和题记。

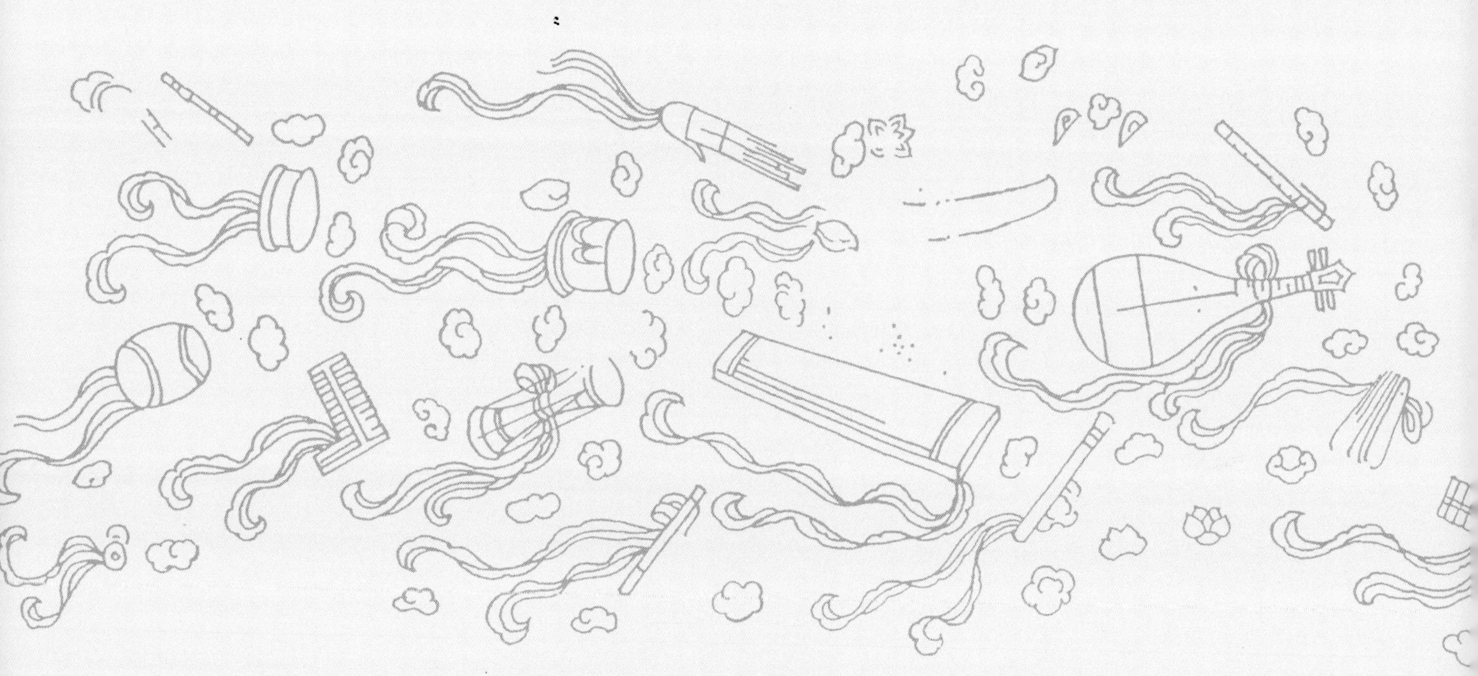

第二单元

烂漫佛乐

集大成的隋唐佛乐

隋唐时期，在经历了魏晋南北朝社会大动荡后，对外开放空前繁荣，民族融合加剧，传统音乐中融汇了大量由丝路传入的外族外域音乐，直接促进了隋唐音乐的繁荣，尤其是佛教音乐，进入了鼎盛时期。唐代九部乐、十部乐中大量运用的法曲，是在汉族清商乐及佛曲的基础上，吸收了道教音乐特点而成的，风格淡雅清丽，沉稳抒情。佛教音乐与龟兹乐、天竺乐、秦王破阵乐等，在音调、节奏、旋法、乐器的运用上关系极为密切。唐朝重要的音乐机构梨园，主要为法曲的演奏和训练而建立，专设有“法部”。石窟寺壁画、寺院建筑及雕塑中所见隋唐佛教音乐形象亦比比皆是，蔚为大观。

克孜尔 8 窟拔鼗因缘图

图中佛右侧跪一裸体小儿，其左手举一鼗鼓，腋下与右腿间夹一鸡娄鼓，右手作击鼓状。画面中描绘的虽是佛度化众生的故事，但鼗鼓与鸡娄鼓的形象反映出龟兹乐器使用的真实情况。鼗鼓是中原地区古老的传统乐器，鸡娄鼓为西域乐器，两种乐器的组合，是在西域形成后反馈中原的，并成为隋唐宫廷乐部中常用的形式。

克孜尔 69 窟伎乐天人图
6 世纪

克孜尔 8 窟奏琵琶图
7 世纪

克孜尔 196 窟主室券顶伎乐飞天
4 ~ 6 世纪

库木吐拉石窟唐代壁画音乐形象

从库木吐拉这一龟兹地区公元 8 世纪开凿的石窟中的不鼓自鸣乐器组合以及伎乐飞天手里所持乐器多为汉民族乐器品种等，可以看出，佛教一路向中原传递，佛教音乐艺术与中原文化的碰撞并融合，又反馈回西域地区。

库木吐拉 73 窟伎乐天人图　8 世纪

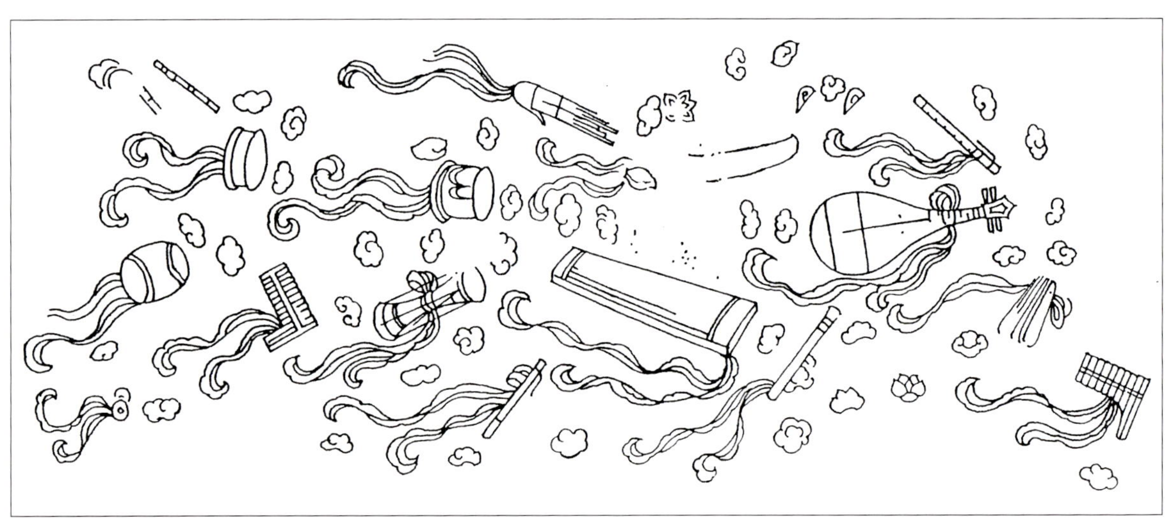

库木吐拉 68 窟不鼓自鸣乐器　8 世纪

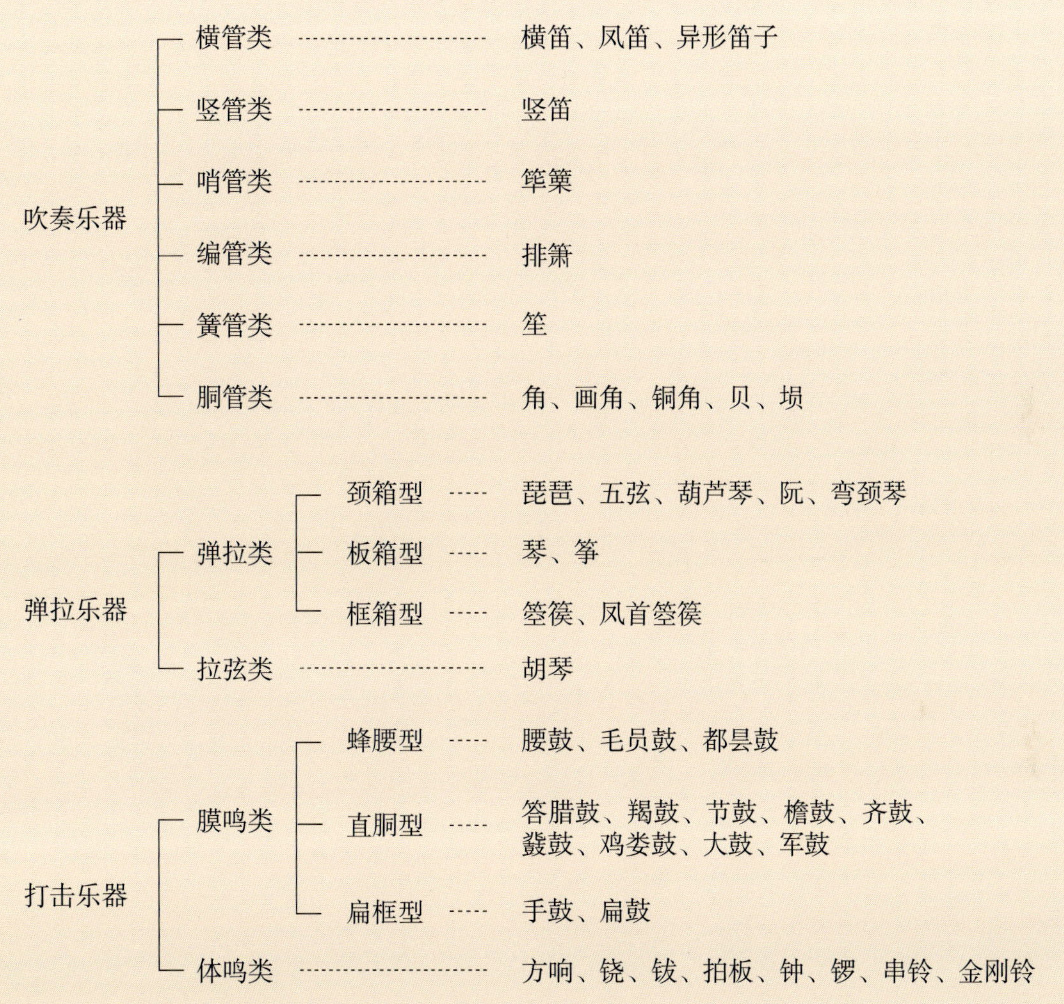
敦煌壁画乐器分类
吹奏乐器
横管类
横笛、凤笛、异形笛子
竖管类
竖笛
哨管类
筚篥
编管类
排箫
簧管类
笙
胴管类
角、画角、铜角、贝、埙
弹拉乐器
弹拉类
颈箱型
琵琶、五弦、葫芦琴、阮、弯颈琴
板箱型
琴、筝
框箱型
箜篌、凤首箜篌
拉弦类
胡琴
打击乐器
膜鸣类
蜂腰型
腰鼓、毛员鼓、都昙鼓
直胴型
答腊鼓、羯鼓、节鼓、檐鼓、齐鼓、
鼗鼓、鸡娄鼓、大鼓、军鼓
扁框型
手鼓、扁鼓
体鸣类
方响、铙、钹、拍板、钟、锣、串铃、金刚铃

敦煌莫高窟隋唐音乐题材壁画

莫高窟 220 窟的《药师经变》壁画中的乐舞图是莫高窟所有壁画中乐队人数最多、乐器品种最全的一幅。其乐舞人数达 32 身之多，仅乐队就由 28 人组成。乐人肤色各有不同，左右分列，均踞坐于方毯之上，演奏着中原汉民族的乐器、西域少数民族的打击乐和吹奏乐以及从外国传入的弹拨乐，为四位舞者伴奏。西侧乐工共 15 身，演奏乐器有羯鼓、都昙鼓、横笛、鼗鼓、答腊鼓、锣、贝、拍板（三页）、竖箜篌、钹、笙、筚篥、竖笛、拍板（五页）等。东侧乐工共 13 身，演奏乐器有腰鼓、都昙鼓、毛员鼓、拍板、横笛、尺八、锣、花边阮、筚篥、方响、笙、排箫、筝等。

莫高窟 220 窟《药师经变》壁画下部乐舞图　初唐

莫高窟220窟《药师经变》壁画下部乐舞图　初唐

榆林窟 25 窟南壁观无量寿经变之舞乐图

《观无量寿经变》位于榆林 25 窟南壁，是根据《观无量寿经》创作的，绘于中唐时期。画面上无量寿佛端坐中央说法，观世音、大势至菩萨分坐两侧，周围众菩萨席地而坐，洗耳恭听。宝池中红莲朵朵，回廊间孔雀呈瑞虚，空中飞天散花，天乐自鸣，一派极乐世界的庄严景象。佛殿前平台上绘乐舞一铺，中间的舞伎胸前系大腰鼓，张臂奋击。其提腿弓腰，似乎正合着鼓点和乐器伴奏，尽情地舞蹈。自双肩搭下迎风飞旋的披巾更增其动感。舞者两旁有八身乐伎，波浪式的鬓发紧贴额面，面形丰满，曲眉凤眼，高鼻樱唇，上着宽袖袍襦，罗纱巾披。八人呈八字形，分左、右两列坐于长毯之上，显得十分高雅华贵。舞者右侧的四身乐伎分别持贝、筚篥、笙、琵琶，左侧的四身乐伎分别持竖笛、横笛、排箫、拍板，展现了天界仙乐的优雅美妙。舞者左侧绘有一人首鸟身的迦陵频伽形象，面形丰满，怀抱琵琶，舒展双翅，拨弦高奏。

莫高窟 445 窟嫁娶图（北壁《阿弥陀经变》局部） 盛唐

敦煌莫高窟净土变
壁画中的乐舞图

河南龙门石窟万佛洞伎乐人

在龙门石窟万佛洞凿于唐代，在洞内南北两壁上雕刻有 15000 多尊高约 4 厘米的小佛，把整个万佛洞装点成西方佛国中佛祖弘扬佛法、众生虔诚聆听的场面。在窟顶碑刻题记的外侧是凌空飘舞的飞天，这些飞天手捧供果，翩翩起舞，与它对应的是窟内南北两壁壁脚的伎乐人，每侧墙壁下部各有六位伎乐人，手持箜篌、法锣、羯鼓等，他们与窟顶飞天上下呼应，营造了一种西天极乐世界里歌舞升平、万人成佛的场景。

龙门石窟中伎乐人所处位置及使用乐器

洞窟名	数量	位置	使用乐器
万佛洞	12	南北两壁的壁基处	舞伎（2）：两壁各一（靠近主佛处） 北壁左起（5）：箜篌、钹、细腰鼓、笛、拍板 南壁左起（5）：筝、四弦曲项琵琶、钹、笙、箫
极南洞	12	佛坛三壁上	正壁左起（4）：箜篌、2 舞伎相对、琵琶 北壁外向内（4）：铜钹、筚篥、团扇、排箫 南壁（4）：细腰鼓、筝、筚篥（或箫）、团扇（或鼓）
古上洞	12	佛坛三面壁脚壸门	舞伎（2）、乐伎（10）：排箫、笛、四弦琵琶、筝、笙、鸡娄鼓、团扇、鼓
八作司洞	11	佛坛三面壁外侧壸门	正中间（2）：舞伎 2 身对称 南侧舞人之右（1）：团扇 北壁左起（4）：排箫、横笛、横笛、筝 南壁左起（4）：鼓（拿两只鼓槌）、阮咸
龙华司洞	12	佛坛三壁上	正壁（4）：舞伎（2）、乐伎（2） 北壁外向内（4）：排箫、杖鼓、鸡娄鼓、琵琶 南壁（4）：细腰鼓、箫（或筚篥）、铜钹、排箫
奉南洞	10	佛坛三壁上	舞伎（2）、乐伎（8）：排箫、铜钹（2）、细腰鼓
北市丝行龛	5	佛坛正壁	舞伎（1）、乐伎（4）：箫、筚篥、笙
古南洞	12	佛坛三壁上	舞伎（2）、乐伎（10）：筝、鸡娄鼓
擂鼓台文物廊	8	佛座束腰处	乐伎（8）：筝、笙、四弦琵琶、团扇、细腰鼓、排箫、笛、铜钹
	7	佛座束腰处	乐伎（7）：笛、细腰鼓、排箫、笙、筚篥

焉耆文《弥勒会见记》残叶

唐代（618 ~ 907 年）

长 31.5、宽 18.5 厘米

1976 年新疆焉耆县锡克沁千佛洞出土

新疆维吾尔自治区博物馆藏

迦陵频伽石盒

唐代（618 ~ 907 年）

高 4.3、长 5.3、宽 3.4 厘米

2000 年河南登封市法王寺地宫出土

河南省文物考古研究院藏

佛顶尊胜陀罗尼石经幢

唐开元十八年（730 年）

现存高 4.7 米

原存于河南沁阳市紫陵乡范村东侧兴隆寺门前

沁阳博物馆藏

该石经幢分为幢顶、幢身、基座三部分，幢顶宝盖下方为一倒置的八棱台形，下小上大。八个立面均有雕刻。正面第一面，阴刻篆书题额“佛顶尊胜陀罗尼经幢”。另外七面龛均浮雕伎乐飞天，从左至右依次为：献果、吹箫、琵琶、拍板、拍钹、吹笛、吹竽飞天。

妙乐寺石经幢

唐～五代

直径 72、高 30 厘米

直径 80、高 40 厘米

长 72、宽 72、高 40 厘米

河南武陟县妙乐寺出土

武陟县妙乐寺景区管理中心藏

该组石刻为妙乐寺内一石经幢的局部构件，共三件，两件为八角形、一件为正方形柱体，每个部件的各个立面均采用高浮雕的手法，分别雕刻有舞蹈、吹笛、吹箫、击鼓等不同形态的伎乐人形象，立面的夹角处均雕刻有力士形象。

丝绸古道，驼铃悠悠

海纳百川，乐音交融

舞乐千载，韵传万里

听笳笛清音，奏不尽阳关故人情

华夏正声，庙堂雅乐，皇皇穆穆

西域妙响，舞乐绮丽，梵音阵阵

汉江水畔，绸扇飞舞，遗风犹存

名士风流吟琴歌，天山脚下龟兹乐

洛阳城里玉笛声脆，大明宫中笙歌霓裳

美人舞如莲花旋，男儿跃似腾云飞

中原古韵，丝路新声，今又重现

千古帝都，中韩一堂，乐舞汇聚，共谱一曲洛阳春

展览介绍视频

附录

Appendix

① ② ③

①展览开幕

②嘉宾参观

③展厅一角

第一部分
华夏与西域
丝路之前的音乐文化
PART 1
CHINA AND WESTERN REGIONS
MUSICAL CULTURAL BEFORE
THE FORMATION OF THE SILK ROAD
乐音之源

① ② ③

①华夏古乐《商颂·玄鸟》

②韩国《扇子舞》

③中国唐乐《瑞鹧鸪》

①

②

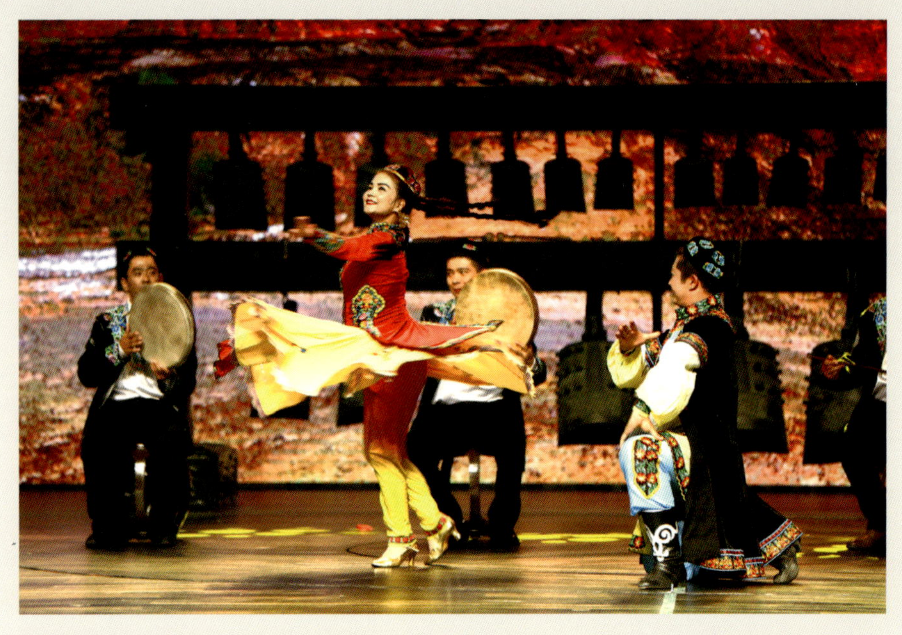

①新疆舞蹈《快乐的女孩》

②中韩艺术家合演《洛阳春》

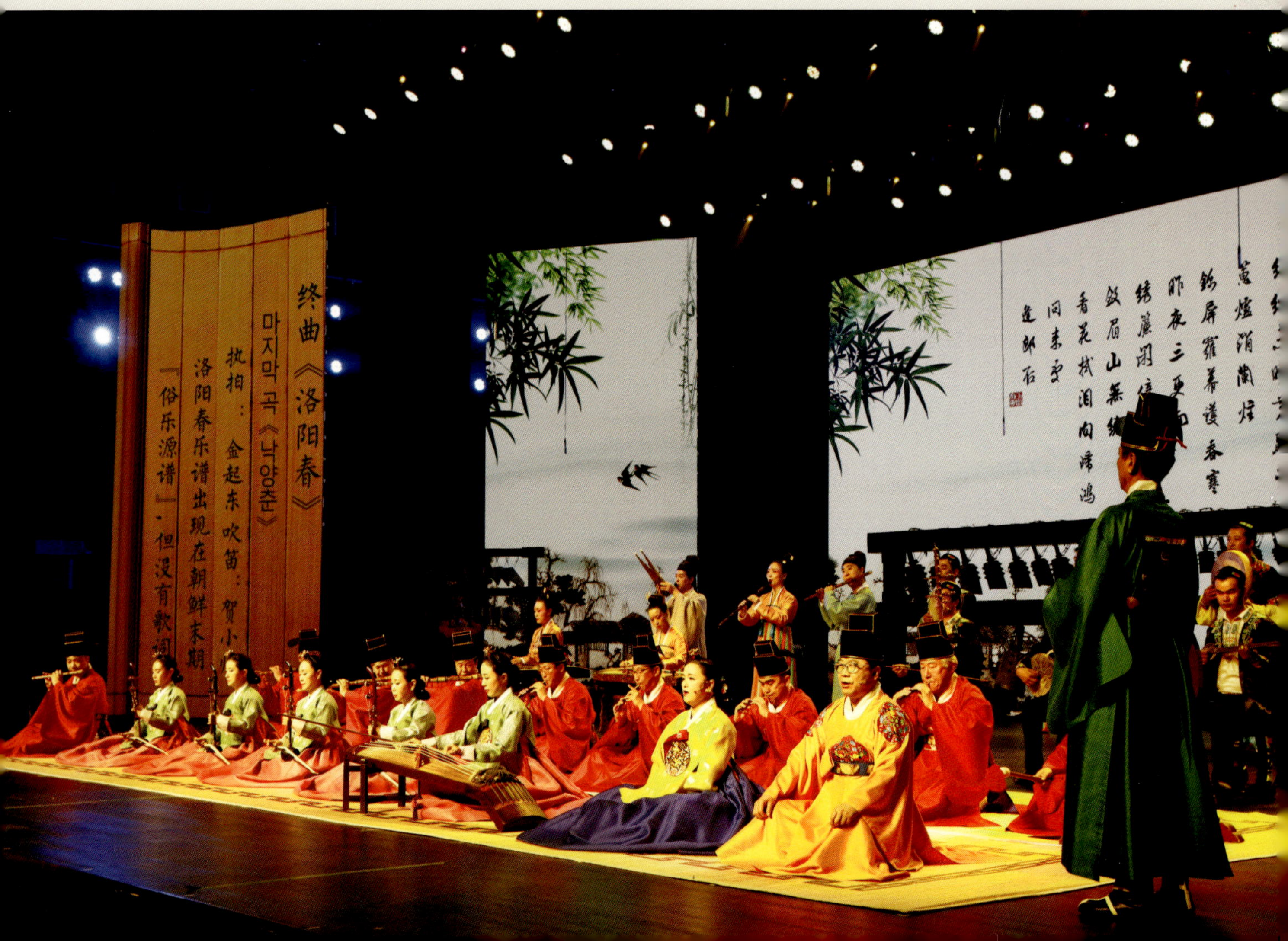